VeronikaHug.com

Woolly Hugs BOBBEL

Neue Strick-Ideen

Noch mehr Tücher, Ponchos & Schals aus Farbverlaufsgarn

CV

INHALT

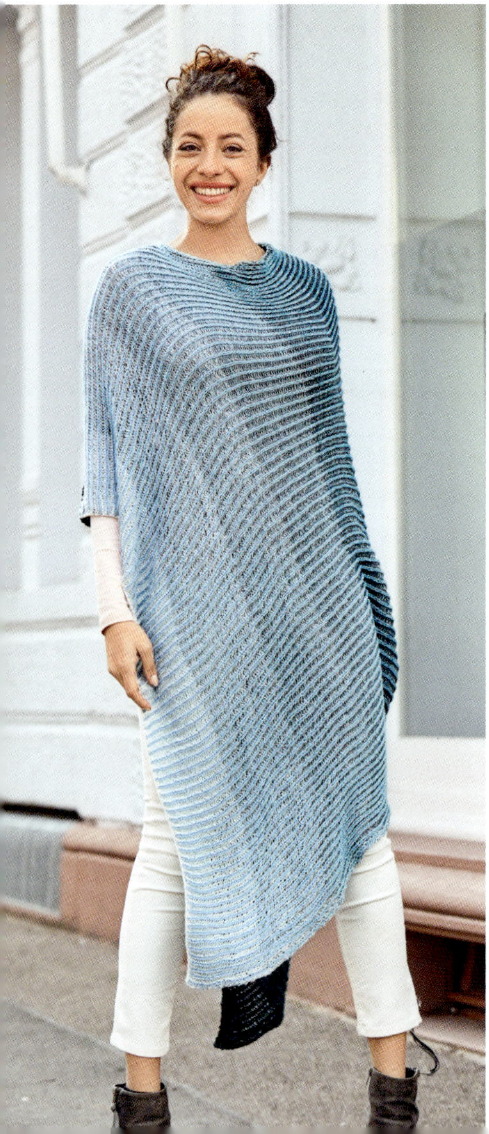

Liebe BOBBEL-Fans!

Bereits im ersten Buch habe ich euch auf die Suchtgefahr beim Stricken mit BOBBEL-Garn hingewiesen. Dass ihr nun das zweite Buch in euren Händen habt, zeigt, dass diese Warnung nicht ganz unbegründet war… Auch mich haben die BOBBEL weiterhin fest im Griff, und so ist es naheliegend, ein Nachfolger-Buch mit den wohl nie enden wollenden Strick-Ideen aus BOBBEL-Wolle zu füllen. Es macht einfach Spaß, immer wieder neue Modelle aus dem tollen Farbverlaufsgarn zu kreieren.

Gerade bei den Tüchern ist die Vielfalt besonders groß. Allein das Variieren der Strickrichtung bringt völlig unterschiedliche Ergebnisse hervor, und genau das macht es so spannend. Mal beginnt man herkömmlich an der unteren Spitze und nimmt auf beiden Seiten gleichmäßig zu, mal erzeugt man einen asymmetrischen Effekt, indem nur an einer Seite zugenommen wird. Man kann aber auch an einer seitlichen Spitze beginnen und das Tuch quer stricken, indem man zuerst Maschen zu- und später wieder abnimmt. Auch die Konstruktion mit Beginn an der oberen rückwärtigen Mitte, bei der man mehrere Zunahmestellen hat, bringt den Farbverlauf der BOBBEL sehr schön zur Geltung.

Bei einer Stola oder einem Loop strickt man immer mit derselben Maschenzahl und kann sich nach Lust und Laune für ein mehr oder weniger aufwändiges Muster entscheiden.

Ponchos und Seelenwärmer zeigen, dass man mit zwei BOBBEL auch tolle Kleidungsstücke stricken kann, die durch einen harmonischen Farbverlauf bestechen.

Beim Durchblättern werdet ihr schnell merken, dass die BOBBEL in vielen neuen Farben erhältlich sind, und es erstaunt mich immer wieder, wie unterschiedlich ein Modell wirkt, je nachdem, mit welcher Farbe es gearbeitet wurde. Probiert es einfach mal aus!

Nun wünsche ich euch wieder viel Spaß beim Aussuchen eures BOBBELs sowie beim Stricken und beim Tragen der entstandenen Modelle.

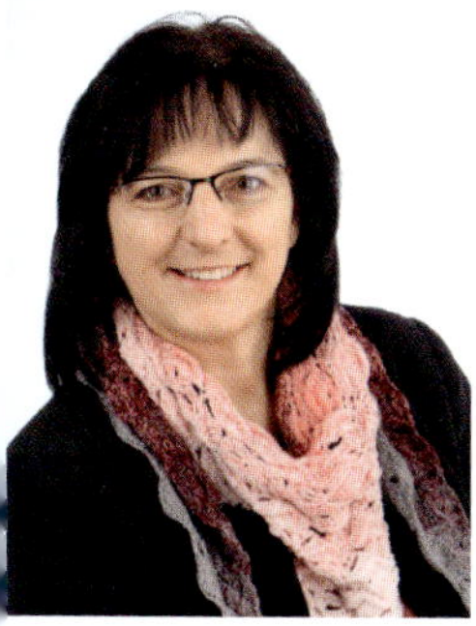

Eure

Veronika Hug

P.S.: Vielleicht treffen wir uns demnächst auf Facebook, wenn ihr uns euer Werk zeigt! Alle Infos findet ihr auf meiner Homepage VeronikaHug.com

WORKSHOP

DIE STRICKSCHRIFT

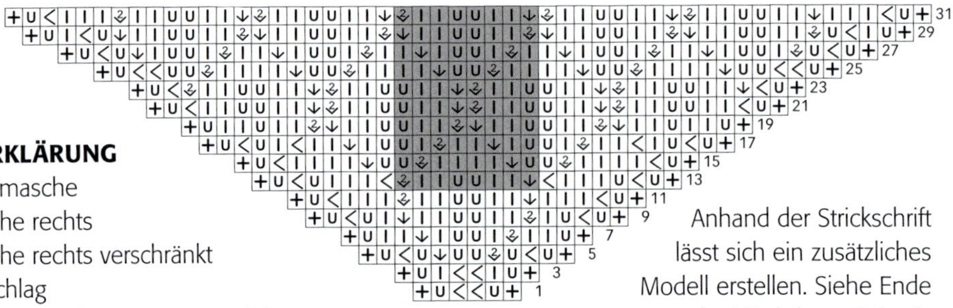

Anhand der Strickschrift lässt sich ein zusätzliches Modell erstellen. Siehe Ende des Workshops Seite 9.

ZEICHENERKLÄRUNG

+ = 1 Randmasche
I = 1 Masche rechts
< = 1 Masche rechts verschränkt
U = 1 Umschlag
= 2 Maschen rechts zusammenstricken
↓ = 1 einfacher Überzug

ANSCHLAG

4 Maschen anschlagen.

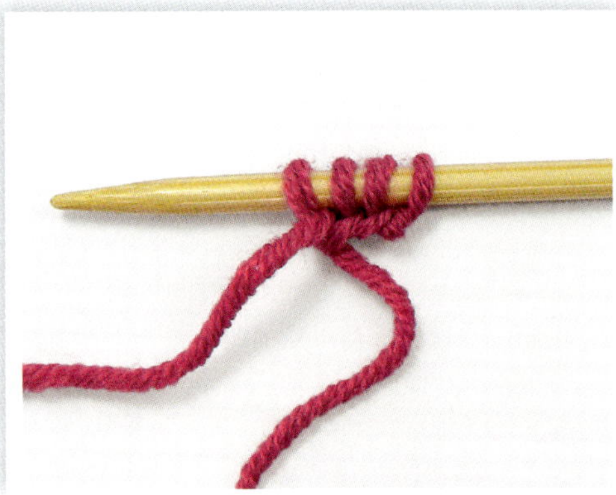

1. RÜCKREIHE

Arbeit wenden und die 1. Rückreihe linke Maschen stricken.

Nun wird mit der Strickschrift begonnen.

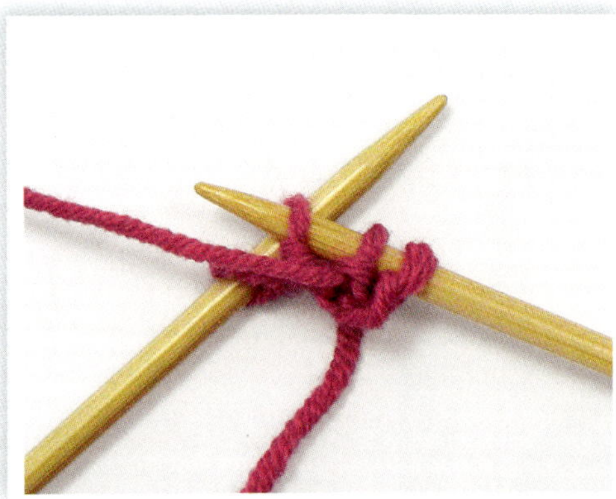

MUSTERBEGINN – 1. REIHE (= HINREIHE)

Arbeit wenden. 1 Randmasche, 1 Umschlag, 2 Maschen rechts verschränkt, 1 Umschlag, 1 Randmasche. Am Ende der 1. Reihe befinden sich 6 Maschen auf der Nadel. Dann die Arbeit wenden und für die **2. Reihe (= Rückreihe)** alle Maschen links abstricken.

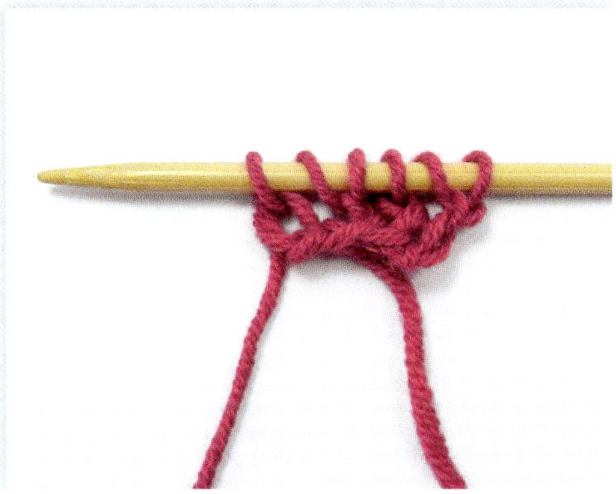

3. REIHE (= HINREIHE)

Arbeit wenden. 1 Randmasche, 1 Umschlag, 1 Masche rechts, 2 Maschen rechts verschränkt, 1 Masche rechts, 1 Umschlag, 1 Randmasche. Am Ende der 3. Reihe befinden sich 8 Maschen auf der Nadel. Dann die Arbeit wenden und für die **4. Reihe (= Rückreihe)** alle Maschen links abstricken.

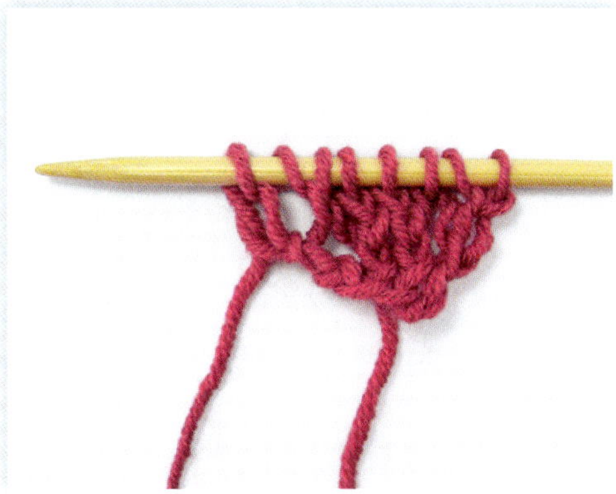

5. REIHE (= HINREIHE)

Arbeit wenden. 1 Randmasche, 1 Umschlag, 1 Masche rechts verschränkt, 1 Umschlag, 2 Maschen rechts zusammenstricken, 2 Umschläge, 1 einfacher Überzug, 1 Umschlag, 1 Masche rechts verschränkt, 1 Umschlag, 1 Randmasche. Am Ende der 3. Reihe befinden sich 12 Maschen auf der Nadel. Dann die Arbeit wenden und für die **6. Reihe (= Rückreihe)** alle Maschen links abstricken. Bei 2 aufeinanderfolgenden Umschlägen den 1. Umschlag links, den 2. Umschlag links verschränkt abstricken.

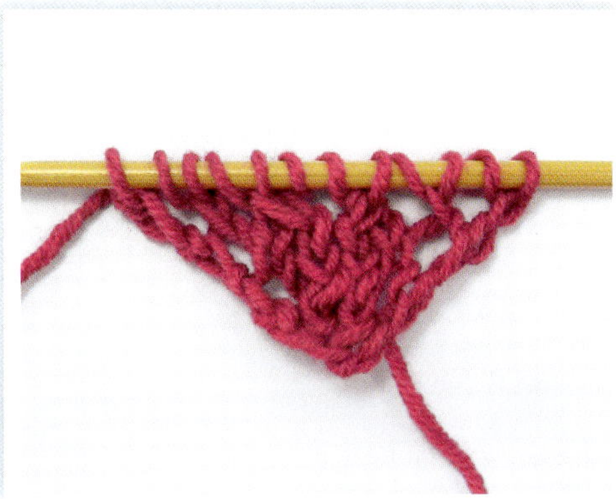

WORKSHOP

7. REIHE (= HINREIHE)

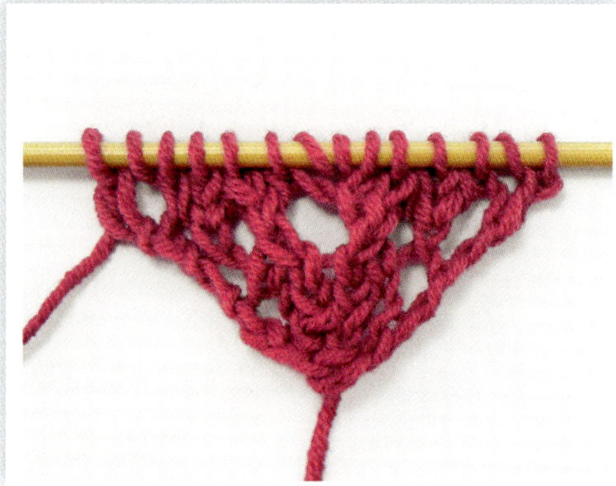

Arbeit wenden. 1 Randmasche, 1 Umschlag, 2 Maschen rechts, 2 Maschen rechts zusammenstricken, 1 Masche rechts, 2 Umschläge, 1 Masche rechts, 1 einfacher Überzug, 2 Maschen rechts, 1 Umschlag, 1 Randmasche. Am Ende der 7. Reihe befinden sich 14 Maschen auf der Nadel. Dann die Arbeit wenden und für die **8. Reihe (= Rückreihe)** alle Maschen links abstricken – Umschläge siehe 6. Reihe.

9. REIHE (= HINREIHE)

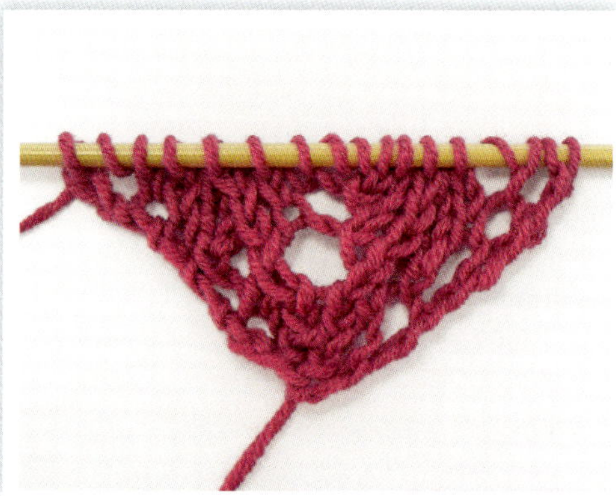

Arbeit wenden. 1 Randmasche, 1 Umschlag, 1 Masche rechts verschränkt, 1 Umschlag, 1 Masche rechts, 2 Maschen rechts zusammenstricken, 2 Maschen rechts, 2 Umschläge, 2 Maschen rechts, 1 einfacher Überzug, 1 Masche rechts, 1 Umschlag, 1 Masche rechts verschränkt, 1 Umschlag, 1 Randmasche. Am Ende der 9. Reihe befinden sich 18 Maschen auf der Nadel. Dann die Arbeit wenden und für die **10. Reihe (= Rückreihe)** alle Maschen links abstricken – Umschläge siehe 6. Reihe.

11.–32. REIHE

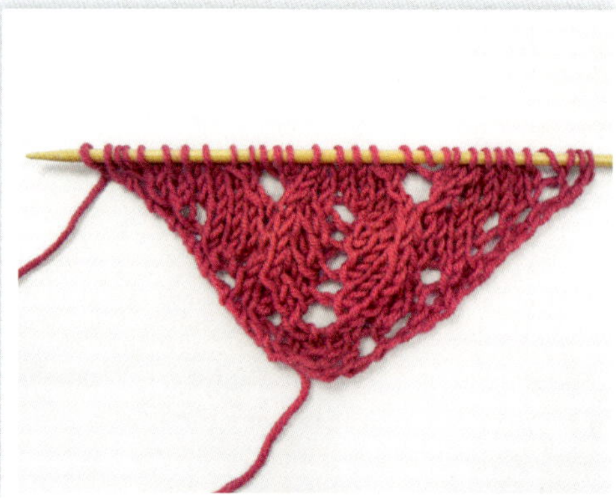

Die Reihen entsprechend fortführen. Die Zahl der Zunahmen erkennt man an der Abstufung der Strickschrift. Erscheint auf beiden Seiten der Strickschrift in der folgenden Reihe je 1 Kästchen mehr, dann werden in dieser Reihe 2 Maschen zugenommen – erscheinen je 2 Kästchen mehr, werden 4 Maschen zugenommen.

Da die Strickschrift nicht über die ganze Breite des Tuches im Buch dargestellt werden kann, wird der stets zu wiederholende Teil als Mustersatz dargestellt. Diese grau unterlegten Kästchen zeigen an, welche Maschen in der Breite und welche Reihen in der Höhe wiederholt werden.

Bei dieser Strickschrift nach der 32. Reihe die 20 Reihen von der 13.–32. Reihe stets wiederholen.

Dabei stets mit den Maschen vor dem grauen Kästchen beginnen, dann die 8 grau unterlegten Maschen so oft wiederholen, bis nur noch die Maschen nach dem grauen Kästchen auf der Nadel sind. Dann diese entsprechend der Strickschrift abstricken.

Nach Bedarf die Modelle spannen. Dafür das Modell auf eine entsprechende Unterlage legen (z. B. Matratze) und mit Stecknadeln in kurzen Abständen feststecken. Danach anfeuchten und trocknen lassen.

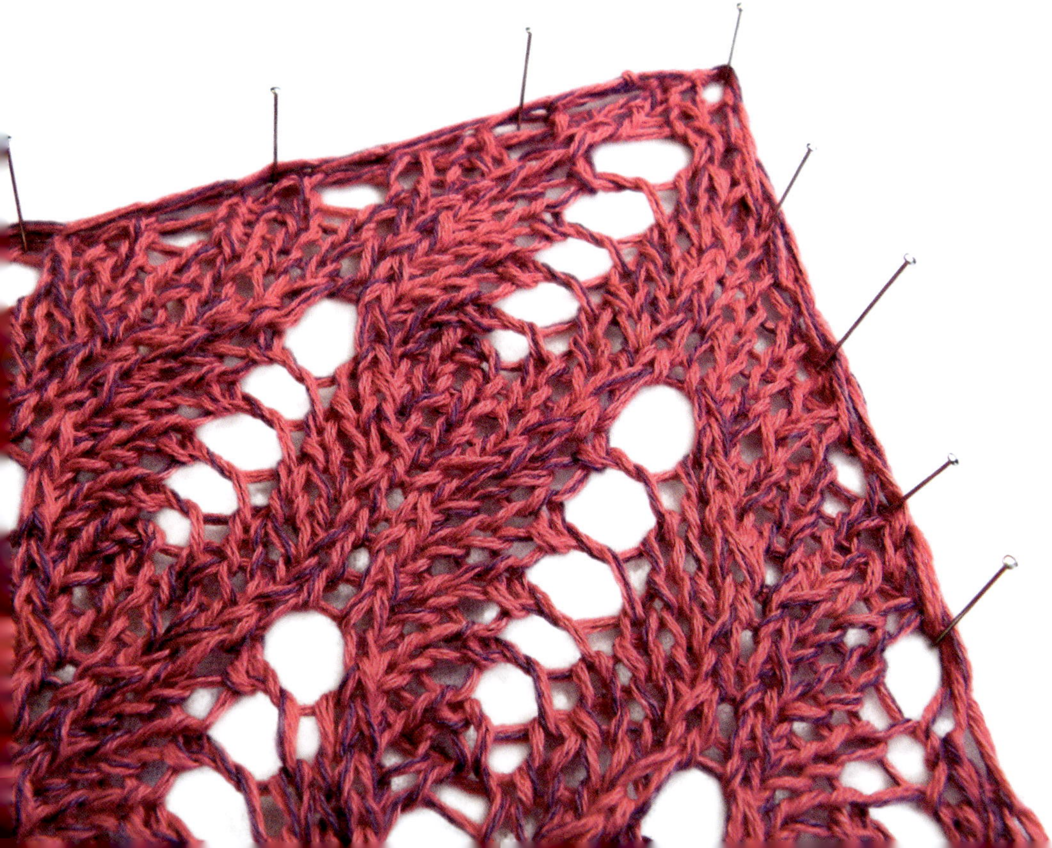

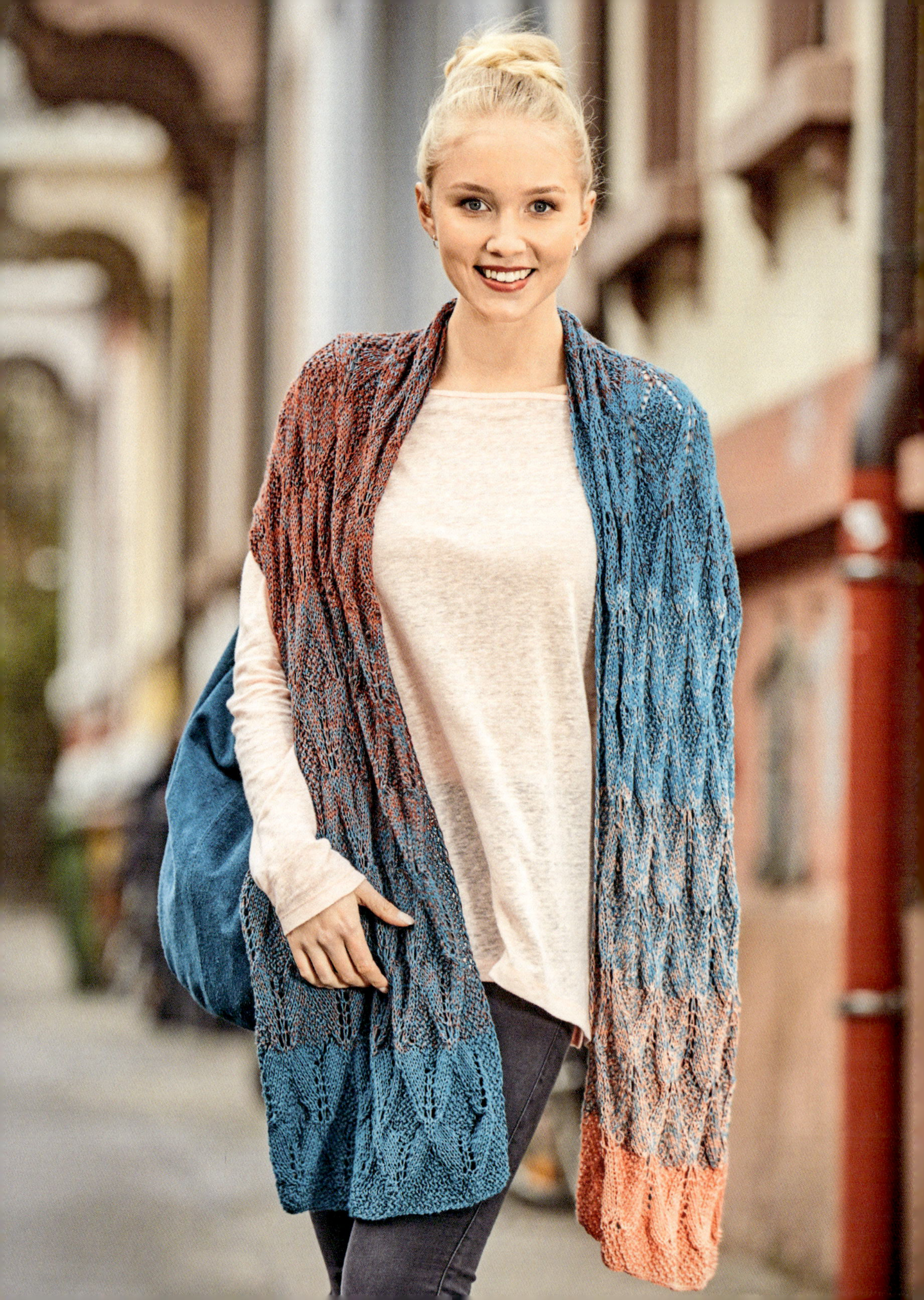

STOLA MOONLIGHT

GRÖSSE: 170 x 42 cm

MUSTER

Randmaschen: Am Reihenanfang links abheben (Faden vor der Arbeit), am Reihenende rechts stricken.

Großes Perlmuster: 1 Masche rechts, 1 Masche links im Wechsel, jedoch nach jeder 2. Reihe versetzt stricken.

Rautenmuster: Die Maschenzahl muss durch 18 teilbar sein, plus 1 zusätzliche Masche, damit das Muster rechts und links aufgeht, plus 2 Randmaschen. Laut Strickschrift arbeiten. Es sind nur die Hinreihen gezeichnet. In den Rückreihen die Maschen stricken, wie sie erscheinen, Umschläge links stricken. In der Breite mit 1 Randmasche plus den 9 Maschen vor dem Mustersatz (MS) beginnen, den MS stets wiederholen, enden mit den 10 Maschen nach dem MS plus 1 Randmasche. In der Höhe die 1.–36. Reihe stets wiederholen.

MASCHENPROBE IM RAUTENMUSTER:
22 Maschen und 34 Reihen = 10 x 10 cm

Hinweis: Der BOBBEL kann wunschgemäß von innen oder von außen abgestrickt werden.

MATERIAL

- Woolly Hugs BOBBEL-COTTON XTRA (50 % Baumwolle, 50 % Polyacryl, Lauflänge ca. 800 m/200 g) von L&K (www.VeronikaHug.com):
  1 BOBBEL in Wunschfarbe
  (Original in Farbe Nr. 307)
- Stricknadeln Nr. 3,5–4,5

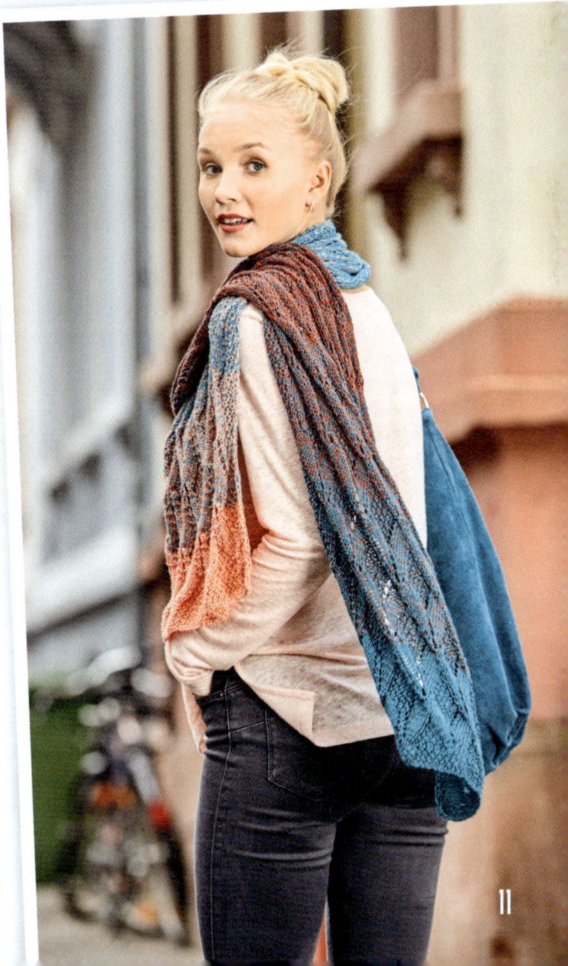

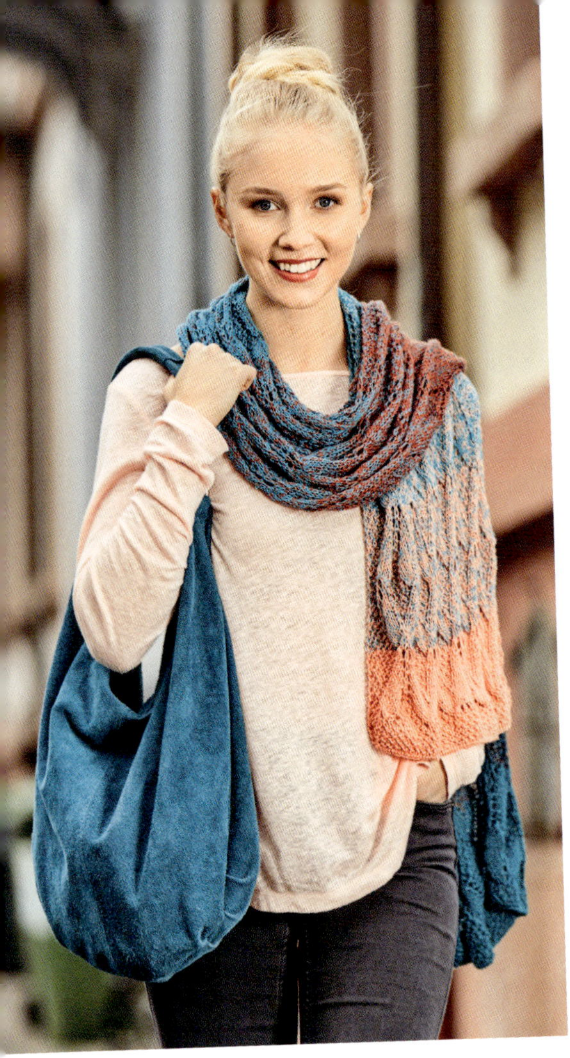

SO WIRD´S GEMACHT

An der unteren Kante beginnend 93 Maschen anschlagen und für die Blende zwischen den Randmaschen 2 cm im Großen Perlmuster stricken. Anschließend im Rautenmuster weiterarbeiten, bis der BOBBEL fast aufgebraucht bzw. die Wunschlänge erreicht ist. Danach nochmals 2 cm im Großen Perlmuster stricken, dann alle Maschen locker abketten.

Fertigstellung: Die Stola spannen, anfeuchten und trocknen lassen.

ZEICHENERKLÄRUNG

- □ = 1 Masche rechts
- – = 1 Masche links
- U = 1 Umschlag
- 2 = 2 Maschen rechts zusammenstricken
- ↓ = 1 einfacher Überzug
- (3 = 3 Maschen rechts verschränkt zusammenstricken
- ↑ = 1 doppelter Überzug
- 3 = 3 Maschen rechts zusammenstricken
- MS = Mustersatz

STRICKSCHRIFT

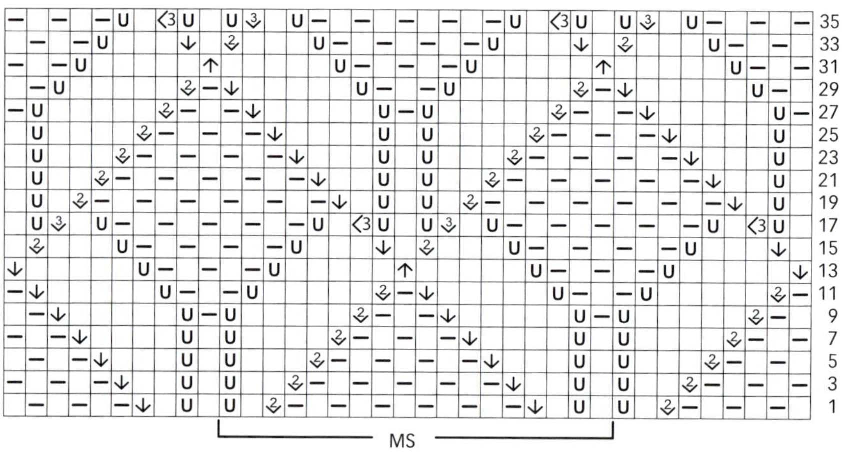

TUCH GRAFIKWERKSTATT

GRÖSSE: ca. 180 x 80 cm

MUSTER

Randmaschen: In Hinreihen am Reihenanfang (an der schrägen Kante) und am Reihenende rechts stricken. In Rückreihen am Reihenanfang (an der geraden Kante) links abheben (Faden vor der Arbeit), am Reihenende rechts stricken. Hinweis: Sollte sich die Kante an der Schrägung zusammenziehen, die Randmasche nach dem Abstricken etwas lang ziehen.

Kraus rechts: In Hin- und Rückreihen rechte Maschen stricken.

Grundmuster: Laut Strickschrift arbeiten. Es sind nur die Hinreihen gezeichnet, in den Rückreihen alle Maschen und Umschläge rechts stricken. In der Breite stets mit den Maschen vor dem Mustersatz (MS = grau unterlegte Zeichen) beginnen, den MS so oft wiederholen wie möglich, enden mit den 3 Maschen nach dem MS.

MASCHENPROBE IM GRUNDMUSTER:
20 Maschen und 30 Reihen = 10 x 10 cm

Hinweis: Der BOBBEL kann wunschgemäß von innen oder von außen abgestrickt werden.

MATERIAL

- Woolly Hugs BOBBEL-COTTON (50 % Baumwolle, 50 % Polyacryl, Lauflänge ca. 800 m/200 g) von L&K (www.VeronikaHug.com):
  1 BOBBEL in Wunschfarbe
  (Original in Farbe Nr. 308)
- Stricknadeln Nr. 3,5–4

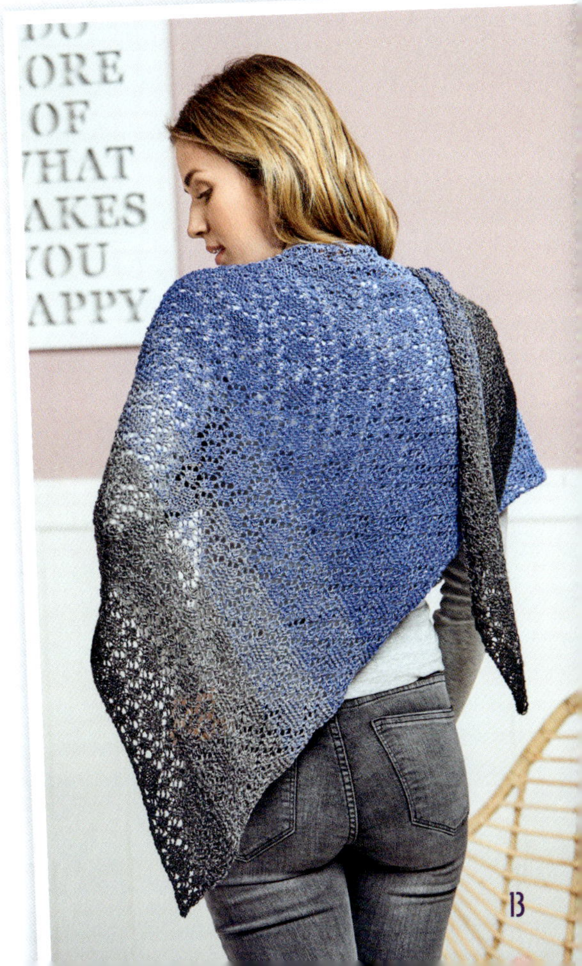

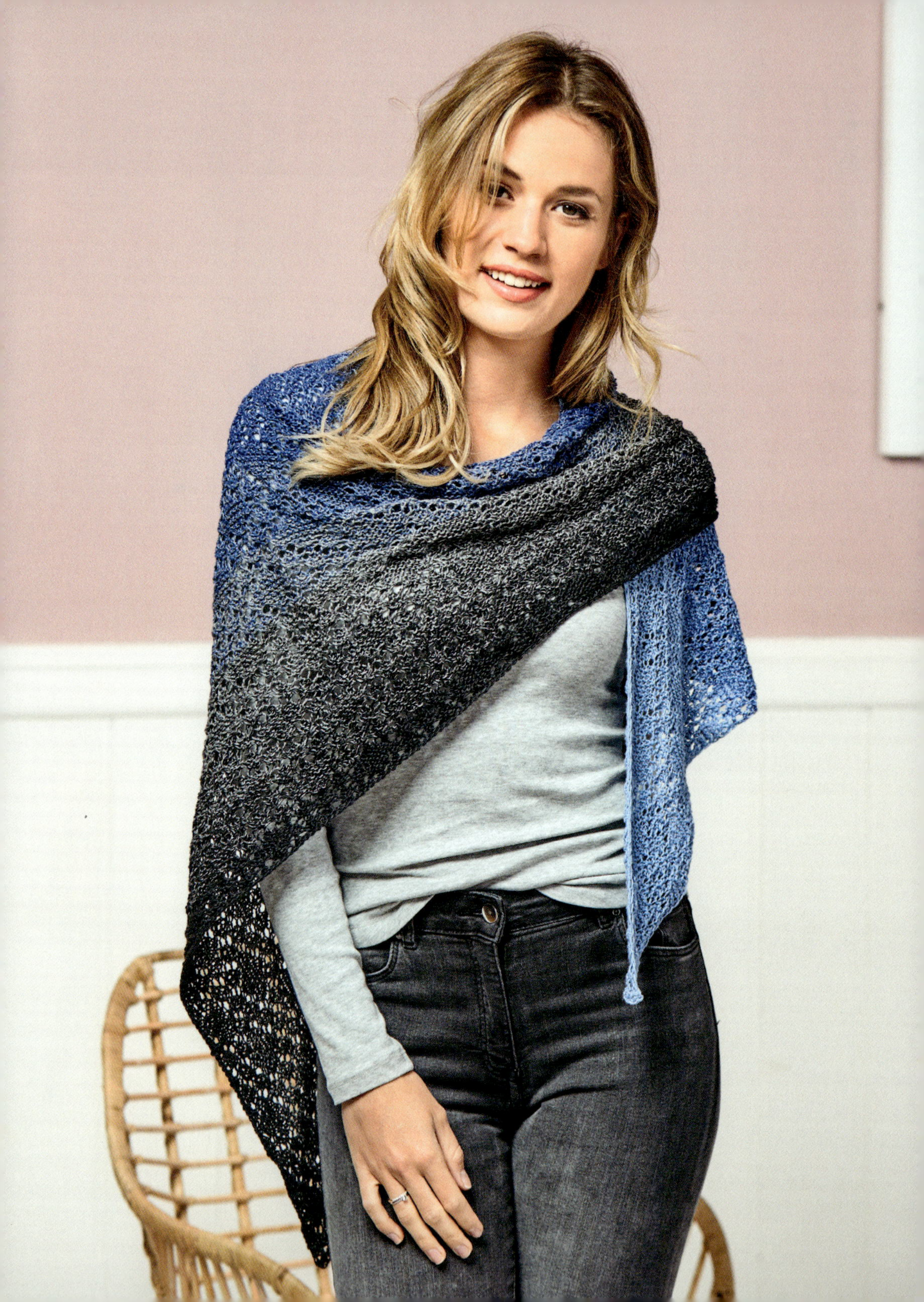

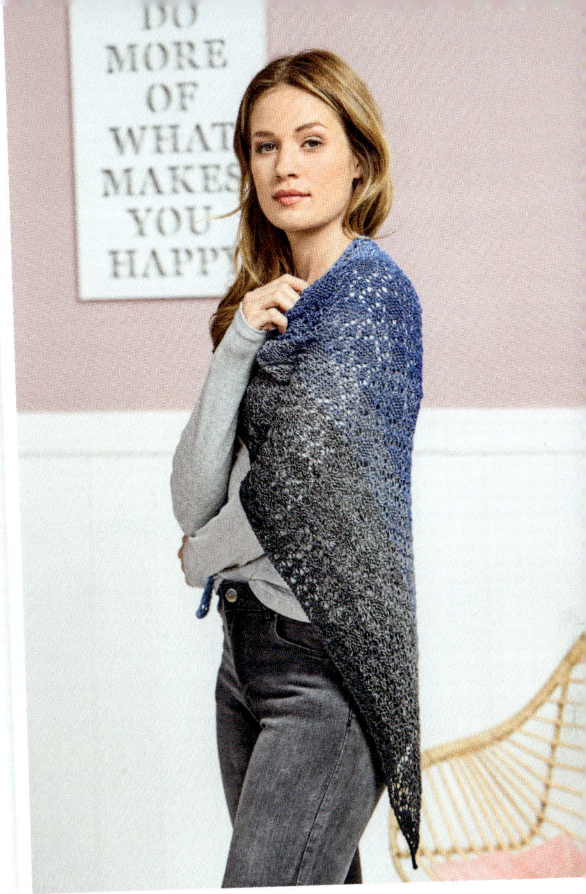

SO WIRD´S GEMACHT

An der unteren Spitze beginnend 3 Maschen anschlagen und 1 Rückreihe rechte Maschen stricken. Dann im Grundmuster weiterarbeiten. Die 1.–54. Reihe 1 x arbeiten, dann die 31.–54. Reihe stets wiederholen. Die Zunahmen durch die Umschläge wie eingezeichnet ausführen und systematisch fortsetzen. Kurz bevor der BOBBEL aufgebraucht ist, alle Maschen locker abketten.

Fertigstellung: Die Anschlagmaschen mit dem Anfangsfaden zusammenziehen. Tuch leicht spannen, anfeuchten und trocknen lassen.

STRICKSCHRIFT

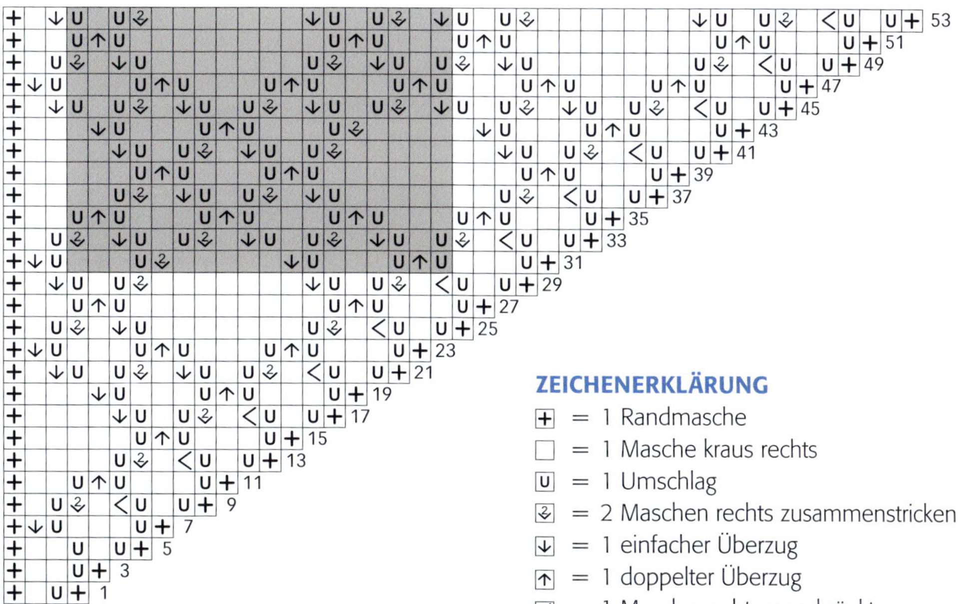

ZEICHENERKLÄRUNG

- + = 1 Randmasche
- ☐ = 1 Masche kraus rechts
- U = 1 Umschlag
- ⤹ = 2 Maschen rechts zusammenstricken
- ↓ = 1 einfacher Überzug
- ↑ = 1 doppelter Überzug
- < = 1 Masche rechts verschränkt

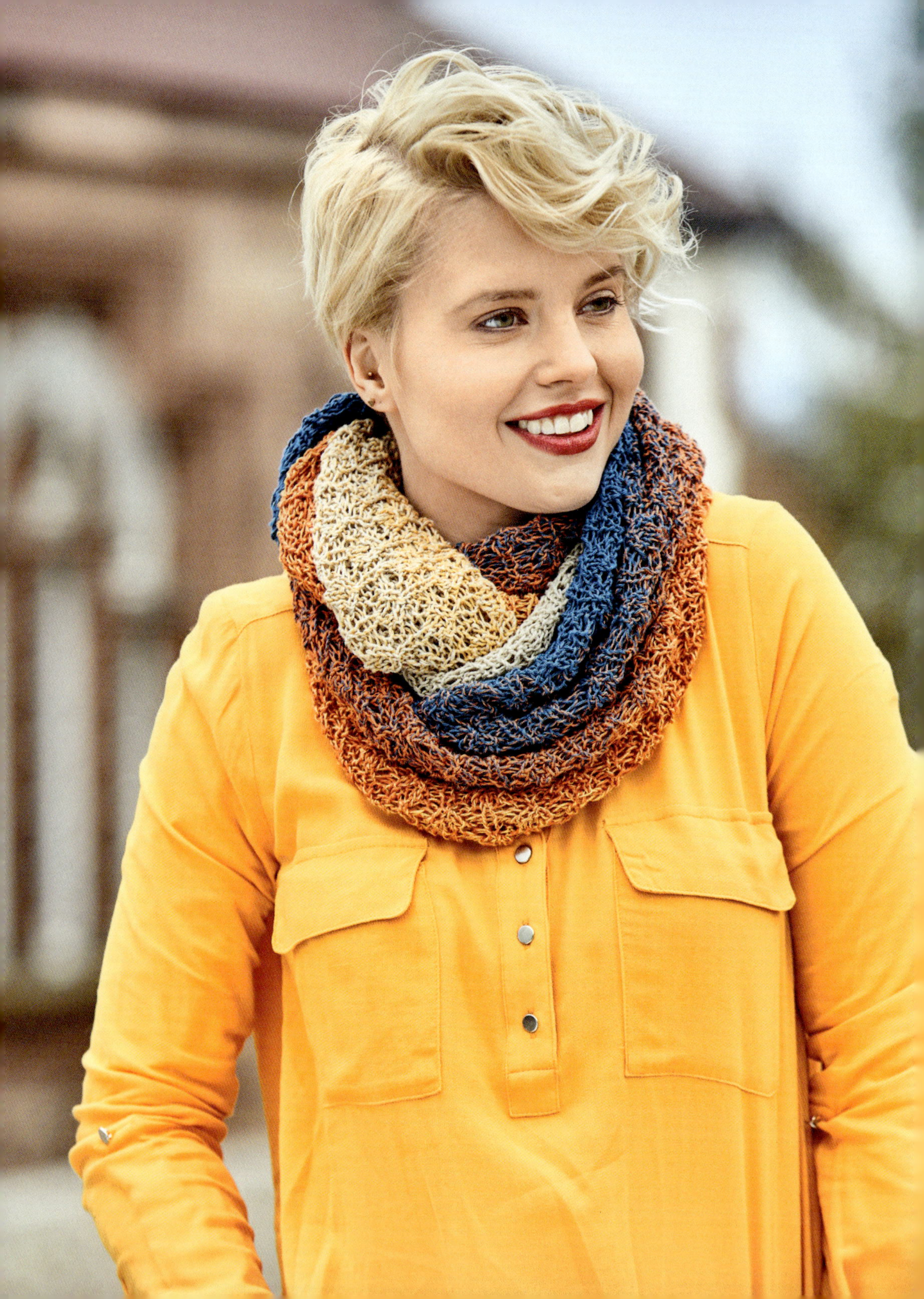

LOOP WUNDERKERZEN

GRÖSSE: 80 x 96 cm (UMFANG)

MUSTER

Grundmuster: Die Maschenzahl muss durch 6 teilbar sein. Laut Strickschrift arbeiten. Es sind nur die ungeraden Runden gezeichnet. In den geraden Runden alle Maschen stricken, wie sie erscheinen, Umschläge rechts stricken. In der Breite den (MS) stets wiederholen. Die 1.–4. Runde 1 x arbeiten, dann die 5.–16. Runde stets wiederholen. Abschließend die 17.–22. Runde 1 x arbeiten.

MASCHENPROBE IM GRUNDMUSTER:
18 Maschen und 28 Reihen = 10 x 10 cm

Hinweis: Der BOBBEL kann wunschgemäß von innen oder von außen abgestrickt werden.

SO WIRD´S GEMACHT

168 Maschen anschlagen, zur Runde schließen und im Grundmuster weiterarbeiten, bis der BOBBEL fast aufgebraucht bzw. die Wunschhöhe erreicht ist. Abschließend mit der 19.–22. Runde der Strickschrift enden, dann alle Maschen locker abketten.

Fertigstellung: Den Loop spannen, anfeuchten und trocknen lassen.

MATERIAL

- Woolly Hugs BOBBEL-COTTON XTRA (50 % Baumwolle, 50 % Polyacryl, Lauflänge ca. 800 m/200 g) von L&K (www.VeronikaHug.com):
  1 BOBBEL in Wunschfarbe
  (Original in Farbe Nr. 311)
- 1 Rundstricknadel Nr. 4–4,5

STRICKSCHRIFT

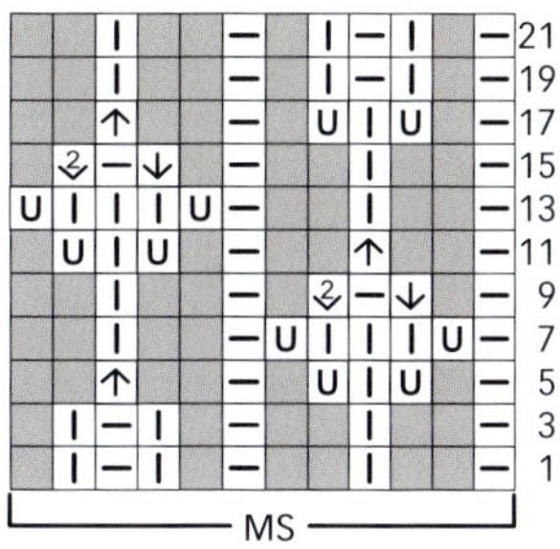

ZEICHENERKLÄRUNG

■ = keine Bedeutung, das Kästchen dient der besseren Übersicht
I = 1 Masche rechts
– = 1 Masche links
U = 1 Umschlag
2↓ = 2 Maschen rechts zusammenstricken
↓ = 1 einfacher Überzug
↑ = 1 doppelter Überzug
MS = Mustersatz

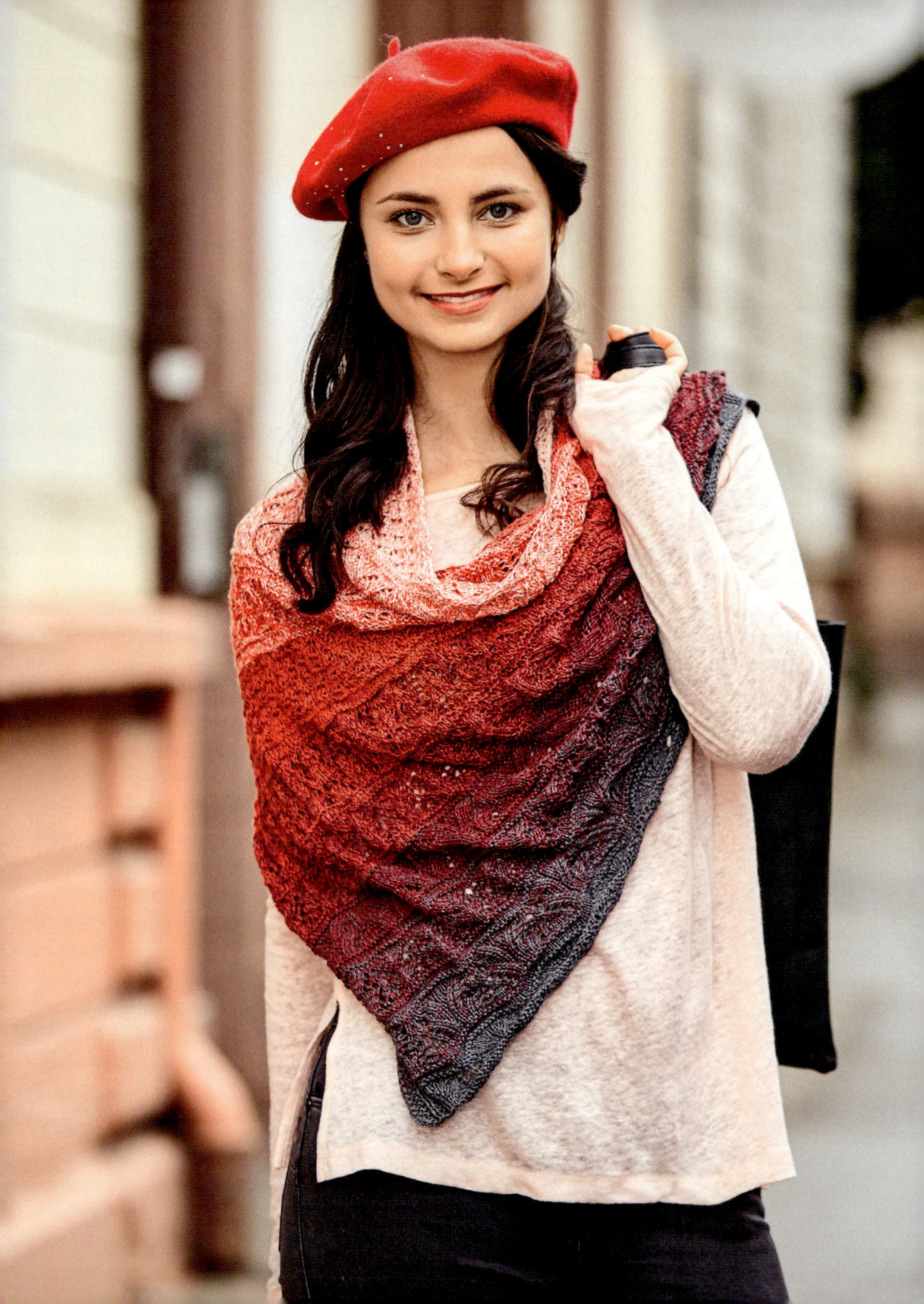

TUCH MULTIMUS

GRÖSSE: 170 x 85 cm

MUSTER

Randmaschen: In Hinreihen am Reihenanfang (an der geraden Kante) links abheben (Faden vor der Arbeit), am Reihenende rechts stricken. In Rückreihen am Reihenanfang (an der schrägen Kante) und am Reihenende rechts stricken. Hinweis: Sollte sich die Kante an der Schrägung zusammenziehen, die Randmasche nach dem Abstricken etwas lang ziehen.

Ajourmuster 1–11: Laut Strickschriften 1–11 arbeiten. Es sind stets nur die Hinreihen gezeichnet. In den Rückreihen alle Maschen stricken, wie sie erscheinen, Umschläge links stricken. In der Breite, sofern vorhanden, stets mit den Maschen vor dem Mustersatz (MS = grau unterlegte Zeichen) beginnen, dann den MS so oft wiederholen wie möglich, mit den Maschen nach dem MS enden. Durch die Zunahmen für die Schrägung enden die Muster nicht immer gleich. Hier am linken Rand in allen Hinreihen die Reihe so lange mit rechten Maschen zu Ende stricken, bis wieder ein vollständiger MS mit eingefügt werden kann. Stets darauf achten, dass sich die Zahl der Umschläge mit den zusammengestrickten Maschen ausgleicht. Eine Ausnahme bildet hier der letzte Umschlag vor den 2 Maschen der linken Kante – er dient der Zunahme für die Schrägung. Bei jeder Strickschrift die gezeichneten Reihen so lange wiederholen, bis sich der nächste Farbwechsel im BOBBEL nähert.

MASCHENPROBE IM DURCHSCHNITT:
20 Maschen und 34 Reihen = 10 x 10 cm

MATERIAL

- Woolly Hugs BOBBEL-COTTON XTRA (50 % Baumwolle, 50 % Polyacryl, Lauflänge ca. 800 m/200 g) von L&K (www.VeronikaHug.com): 1 BOBBEL in Wunschfarbe (Original in Farbe Nr. 309)
- Stricknadeln Nr. 3,5–4,5

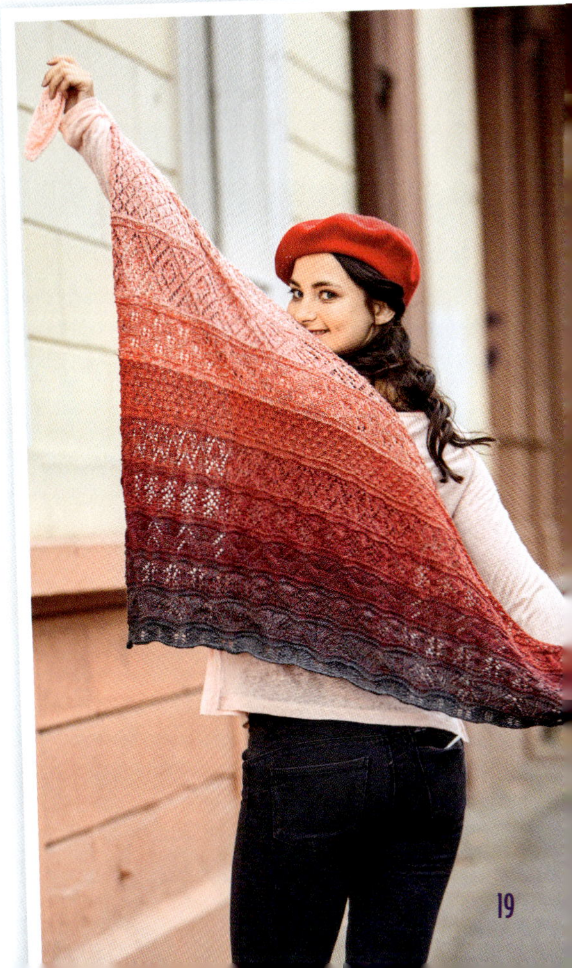

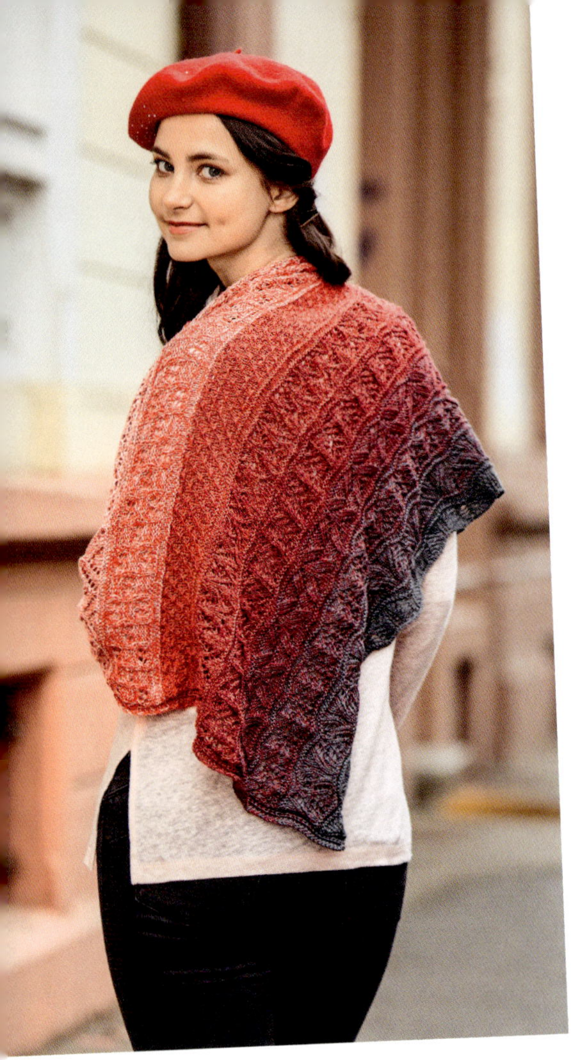

SO WIRD´S GEMACHT

An der unteren Spitze beginnend 4 Maschen anschlagen und 1 Rückreihe rechte Maschen stricken. Dann laut Strickschrift 12 weiterarbeiten. Es sind nur die Hinreihen gezeichnet. In den Rückreihen die Maschen stricken wie sie erscheinen, kraus rechte Maschen jedoch rechts stricken, Umschläge links stricken. Die Zunahmen durch die Umschläge wie eingezeichnet ausführen. Die 1.–24. Reihe 1 x stricken. Nun sind 15 Maschen in Arbeit. Wie folgt weiterarbeiten: Die ersten 7 Maschen stets wie bisher stricken. Über den folgenden 6 Maschen (= Mustermaschen) im Ajourmuster 1 stricken und die letzten 3 Maschen ebenfalls stets wie bisher stricken. Durch die Zunahmen erweitern sich die Mustermaschen in jeder Hinreihe um 1 Masche. Diese Zunahmen wie oben beschrieben in das Muster einfügen und die Maschen, die nicht in den MS passen, rechts abstricken. Nähert sich ein Farbwechsel innerhalb des BOBBELs, über den Mustermaschen einen „Trennstreifen" einarbeiten, bevor das nächste Muster beginnt: Dafür die 17.–24. Reihe der Strickschrift 12 arbeiten. Anschließend über den Mustermaschen wie beschrieben im Ajourmuster 2 weiterarbeiten, bis sich wieder ein Farbwechsel nähert. Dann wieder einen Trennstreifen einarbeiten und mit Ajourmuster 3 fortfahren. Auf diese Weise nach und nach die Ajourmuster fortsetzen, bis der BOBBEL fast aufgebraucht ist. Abschließend mit einem Trennstreifen enden und alle Maschen locker abketten.

Fertigstellung: Das Tuch spannen, anfeuchten und trocknen lassen.

STRICKSCHRIFT 1

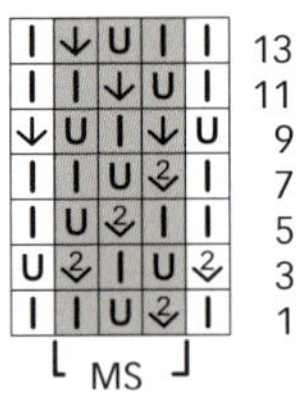

STRICKSCHRIFT 2

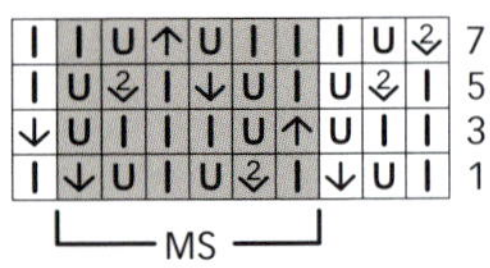

STRICKSCHRIFT 3

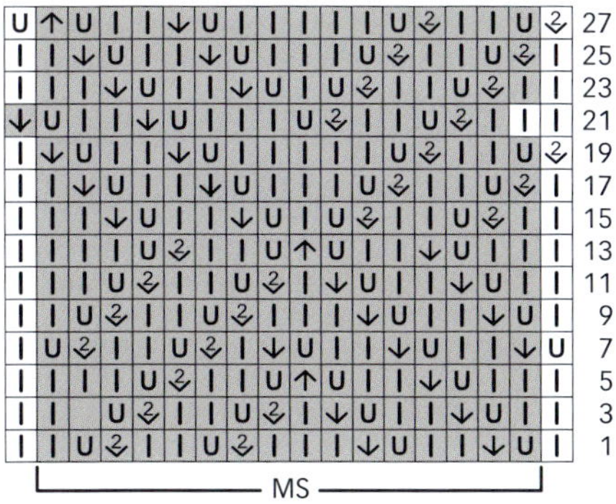

STRICKSCHRIFT 4

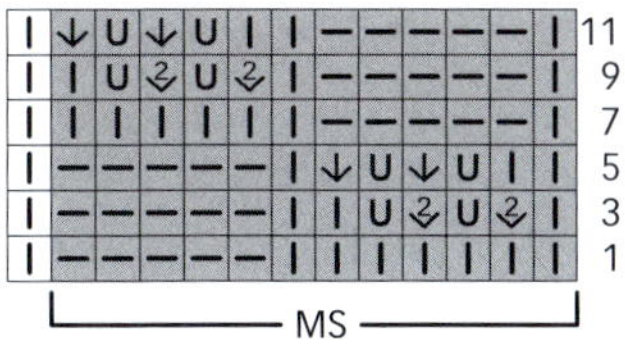

STRICKSCHRIFT 5

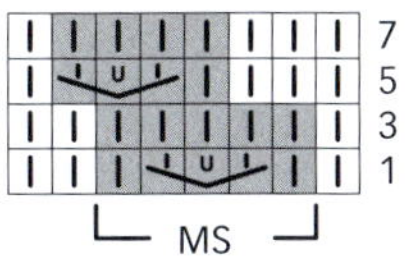

STRICKSCHRIFT 6

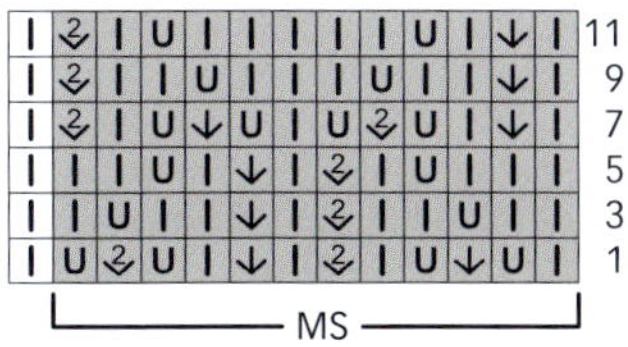

STRICKSCHRIFT 7

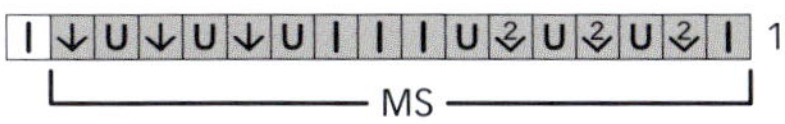

STRICKSCHRIFT 8

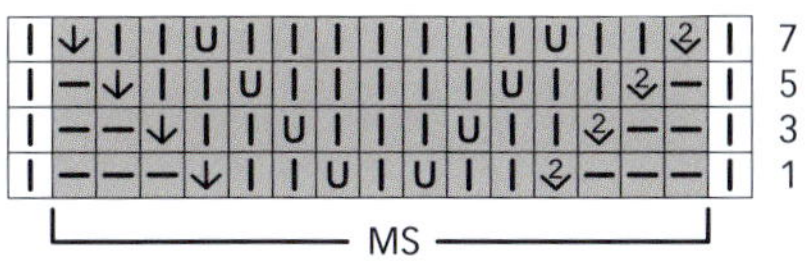

STRICKSCHRIFT 9

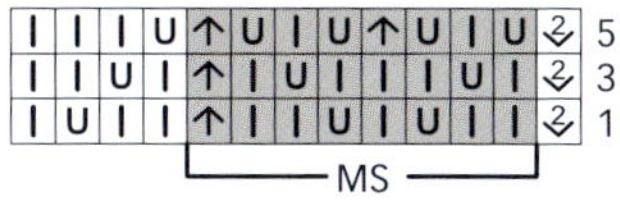

STRICKSCHRIFT 10

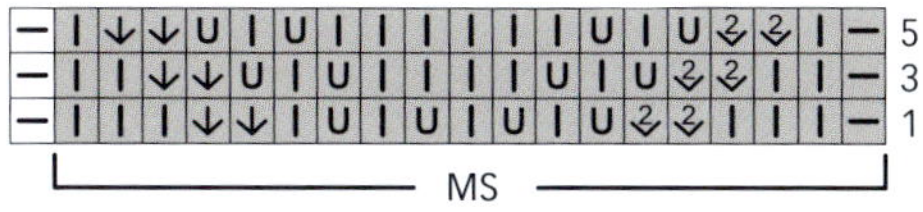

STRICKSCHRIFT 11

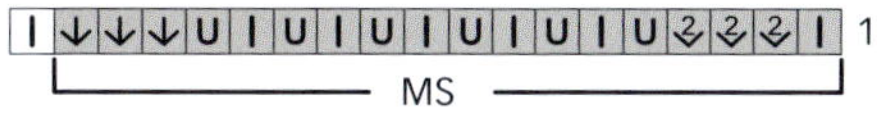

STRICKSCHRIFT 12

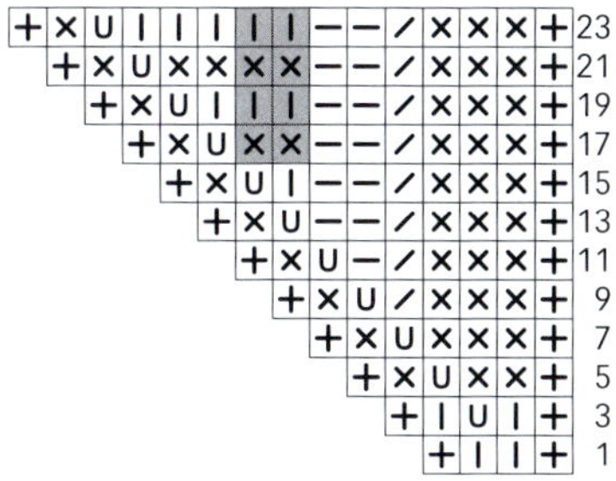

ZEICHENERKLÄRUNG

I = 1 Masche rechts

– = 1 Masche links

U = 1 Umschlag

= 2 Maschen rechts zusammenstricken

↓ = 1 einfacher Überzug

↑ = 1 doppelter Überzug

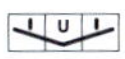

= 3 Maschen rechts zusammenstricken, dabei die Maschen nicht von der linken Nadel gleiten lassen, 1 Umschlag auf die rechte Nadel legen und nochmals mit der rechten Nadel in alle 3 Maschen einstechen und 1 Masche rechts herausstricken. Dann die Maschen von der linken Nadel gleiten lassen

× = 1 Masche kraus rechts

/ = 1 Masche mit 1 Umschlag abheben und diese in der folgenden Rückreihe mit dem Umschlag links zusammenstricken

MS = Mustersatz

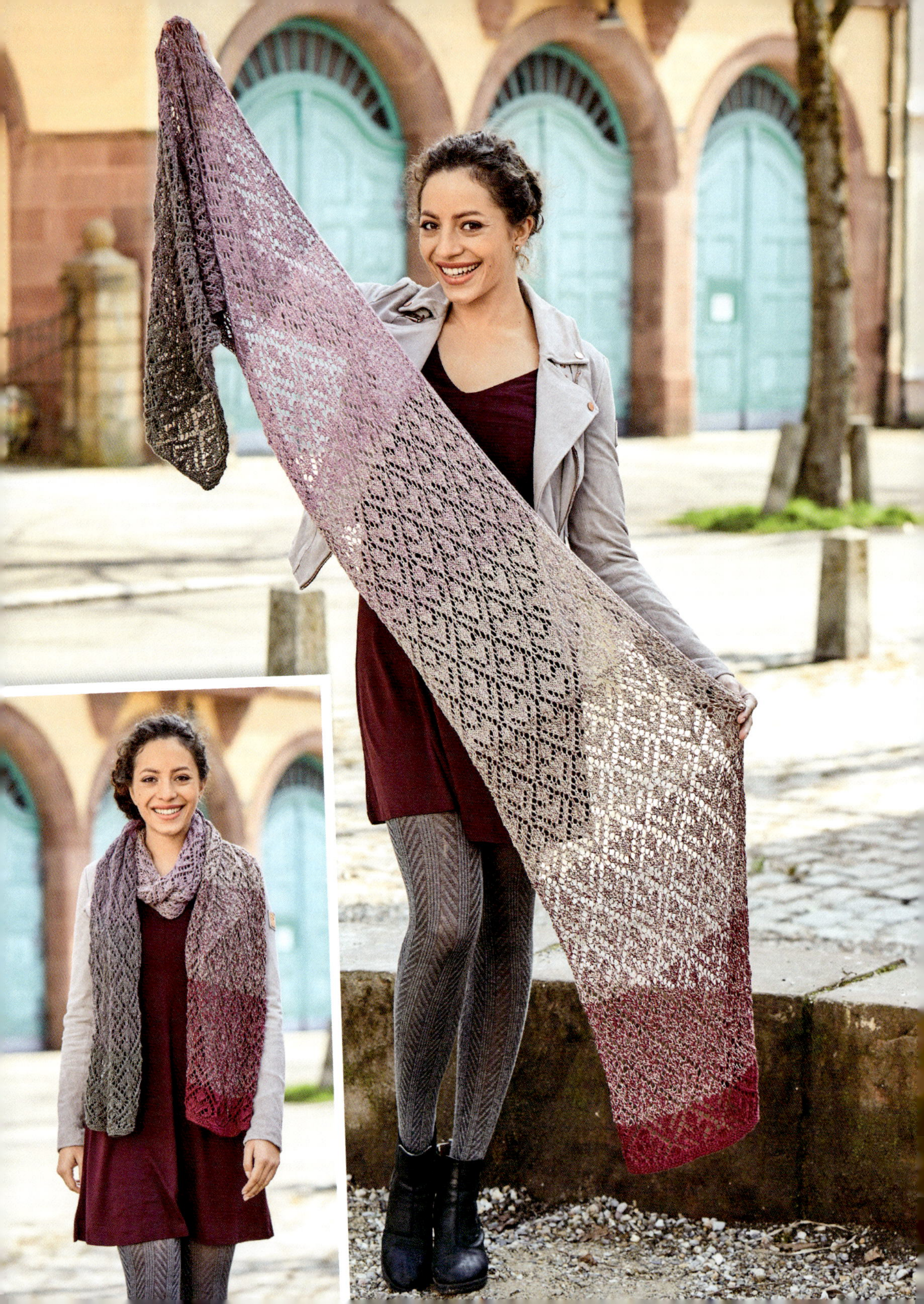

STOLA VERGNÜGEN

GRÖSSE: 180 x 50 cm

MUSTER

Randmaschen: Am Reihenanfang links abheben (Faden vor der Arbeit), am Reihenende rechts stricken.

Kraus rechts: In Hin- und Rückreihen rechte Maschen stricken.

Grundmuster: Laut Strickschrift arbeiten. Die Maschenzahl muss durch 14 teilbar sein, plus 1 zusätzliche Masche, damit das Muster rechts und links aufgeht, plus rechts und links je 3 Maschen (= 6 Maschen), damit sich die Kanten nicht einrollen, plus 2 Randmaschen. Es sind nur die Hinreihen gezeichnet. In den Rückreihen alle Maschen stricken, wie sie erscheinen, Umschläge und zusammengestrickte Maschen in den Rückreihen ebenfalls links stricken. In der Breite mit den Maschen vor dem Mustersatz (MS) beginnen, den Mustersatz stets wiederholen, enden mit den Maschen nach dem Mustersatz. In der Höhe die 1.–24. Reihe stets wiederholen.

MASCHENPROBE:
18 Maschen und 26 Reihen = 10 x 10 cm

MATERIAL

- Woolly Hugs BOBBEL-COTTON XTRA (50 % Baumwolle, 50 % Polyacryl, Lauflänge ca. 800 m/200 g) von L&K (www.VeronikaHug.com): 1 BOBBEL in Wunschfarbe (Original in Farbe Nr. 310)
- Stricknadeln Nr. 3,5–4,5

SO WIRD´S GEMACHT

93 Maschen anschlagen und für die Blende 5 Reihen kraus rechts stricken, dann in folgender Einteilung weiterarbeiten: Randmasche, 3 Maschen kraus rechts, 85 Maschen Grundmuster, 3 Maschen kraus rechts, Randmasche. Die 1.–24. Reihe so lange wiederholen, bis der BOBBEL fast aufgebraucht ist, möglichst mit einer 12. oder 24. Reihe enden. Abschließend nochmals 6 Reihen kraus rechts stricken, dann alle Maschen locker rechts abketten.

STRICKSCHRIFT

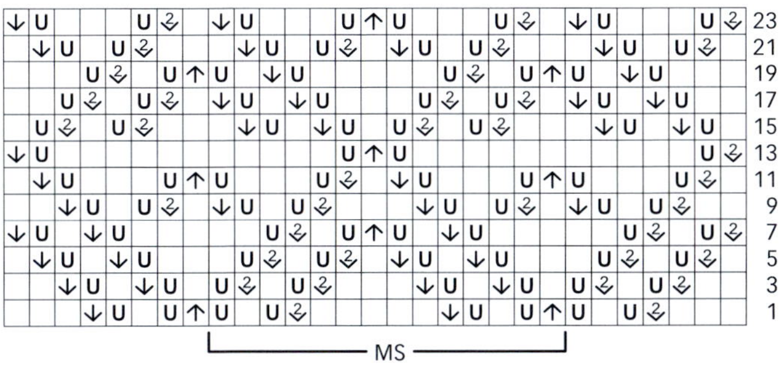

ZEICHENERKLÄRUNG

□ = 1 Masche rechts

U = 1 Umschlag

= 2 Maschen rechts zusammenstricken

↓ = 1 einfacher Überzug

↑ = 1 doppelter Überzug

MS = Mustersatz

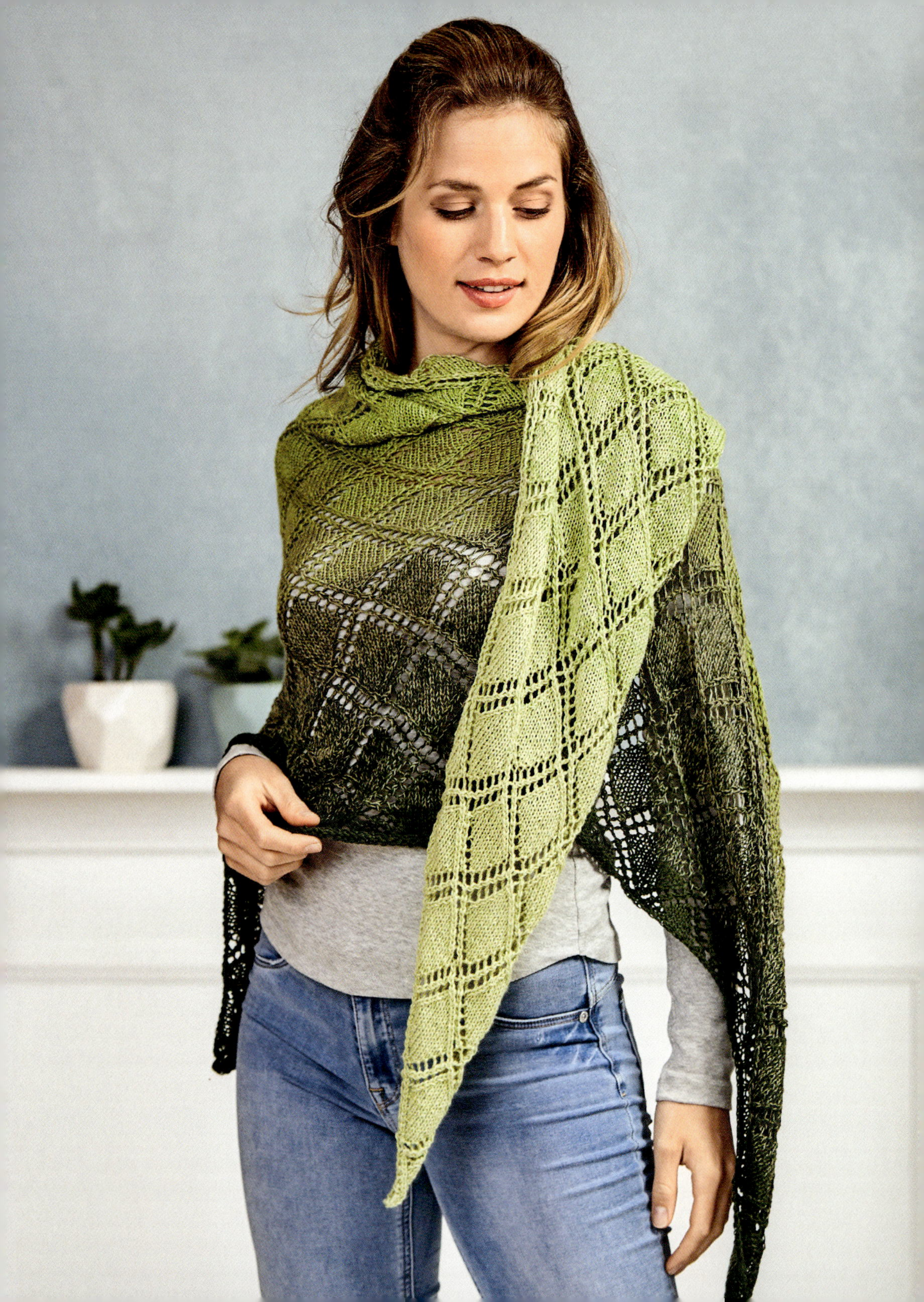

TUCH RAUTENSPEZIALIST

GRÖSSE: 190 x 100 cm

MUSTER

Randmaschen: Am Reihenanfang links abheben (Faden vor der Arbeit), am Reihenende rechts stricken. Hinweis: Sollte sich die Kante an der Schrägung zusammenziehen, die Randmasche nach dem Abstricken etwas lang ziehen.
Kraus rechts: In Hin- und Rückreihen rechte Maschen stricken.
Grundmuster: Laut Strickschrift arbeiten. Es sind nur die Hinreihen gezeichnet. In den Rückreihen alle Maschen stricken, wie sie erscheinen bzw. wie in der Zeichenerklärung angegeben, Umschläge links stricken. In der Breite stets mit den 3 Maschen vor dem Mustersatz (MS = grau unterlegte Zeichen) beginnen, den MS stets wiederholen, enden mit den Maschen nach dem MS.

MASCHENPROBE IM GRUNDMUSTER:
20 Maschen und 30 Reihen = 10 x 10 cm

Hinweis: Der BOBBEL kann wunschgemäß von innen oder von außen abgestrickt werden.

MATERIAL

- Woolly Hugs BOBBEL-COTTON oder COTTON XTRA (50 % Baumwolle, 50 % Polyacryl, Lauflänge ca. 800 m/200 g) von L&K (www.VeronikaHug.com):
  1 BOBBEL in Wunschfarbe
  (Original in Farbe Nr. 25)
- 1 lange Rundstricknadel Nr. 3,5–4,5

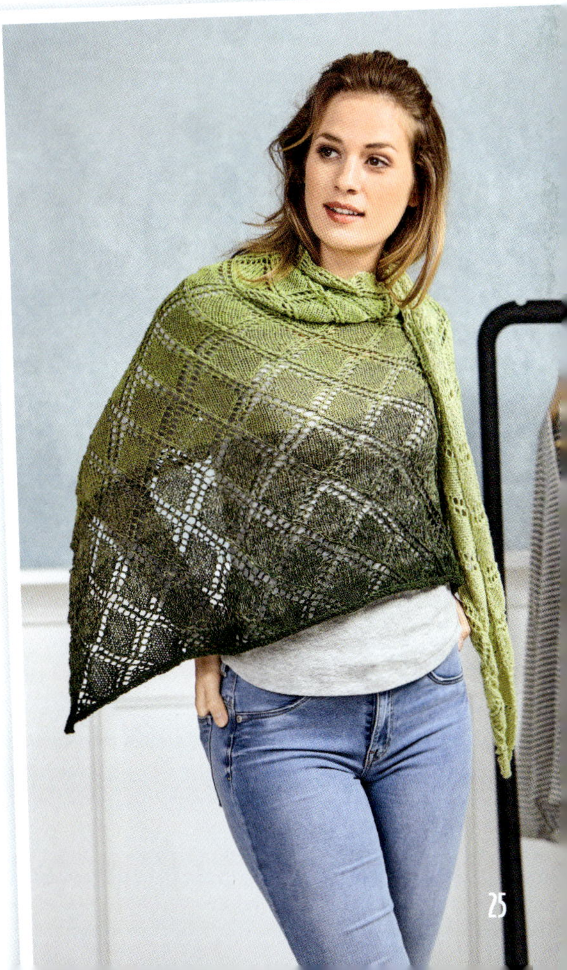

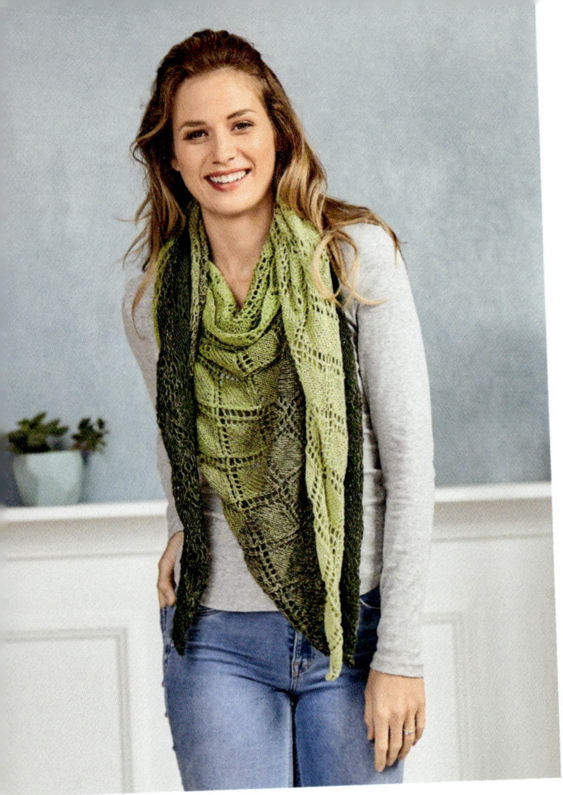

SO WIRD´S GEMACHT

An der unteren Spitze beginnend 3 Maschen anschlagen und 1 Rückreihe rechte Maschen stricken. Dann im Grundmuster weiterarbeiten. Die 1.–64. Reihe 1 x arbeiten, dann die 37.–64. Reihe stets wiederholen. Die Zunahmen durch die Umschläge wie eingezeichnet ausführen und systematisch fortsetzen. Kurz bevor der BOBBEL aufgebraucht ist, über alle Maschen 6 Reihen kraus rechts stricken, dann alle Maschen locker abketten.

Fertigstellung: Das Tuch spannen, anfeuchten und trocknen lassen.

STRICKSCHRIFT

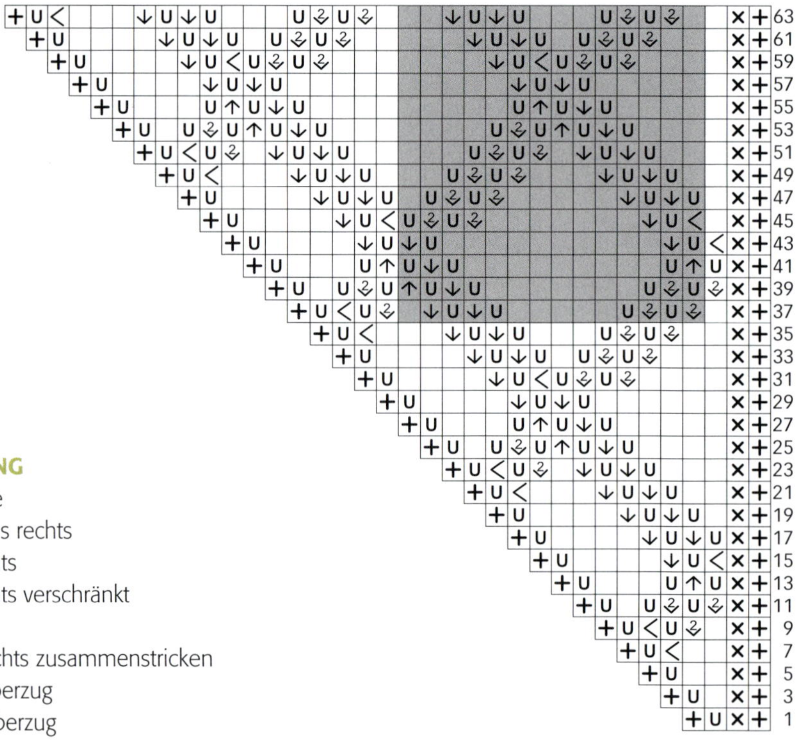

ZEICHENERKLÄRUNG

- ⊞ = 1 Randmasche
- ⊠ = 1 Masche kraus rechts
- □ = 1 Masche rechts
- < = 1 Masche rechts verschränkt
- U = 1 Umschlag
- ⩡ = 2 Maschen rechts zusammenstricken
- ↓ = 1 einfacher Überzug
- ↑ = 1 doppelter Überzug

STOLA HERZREIGEN

GRÖSSE: 160 x 48 cm

MUSTER

Randmaschen: Am Reihenanfang links abheben (Faden vor der Arbeit), am Reihenende rechts stricken.

Kraus rechts: In Hin- und Rückreihen rechte Maschen stricken.

Grundmuster: Laut Strickschrift arbeiten. Die Maschenzahl muss durch 22 teilbar sein, plus 1 zusätzliche Masche, damit das Muster rechts und links aufgeht, plus rechts und links je 2 Maschen (= 4 Maschen), damit sich die Kanten nicht einrollen, plus 2 Randmaschen. Es sind nur die Hinreihen gezeichnet. In den Rückreihen rechts gestrickte Maschen, Umschläge und zusammengestrickte Maschen links stricken, kraus rechte Maschen rechts stricken. In der Breite mit den 11 Maschen vor dem Mustersatz (MS) beginnen, den Mustersatz insgesamt 3 x arbeiten, enden mit den 12 Maschen nach dem Mustersatz. In der Höhe die 1.–44. Reihe 1 x arbeiten, dann die 5.–44. Reihe stets wiederholen.

MASCHENPROBE IM GRUNDMUSTER:
20 Maschen und 34 Reihen = 10 x 10 cm

SO WIRD´S GEMACHT

An der unteren Kante beginnend 95 Maschen anschlagen und für die Blende 1,5 cm kraus rechts stricken. Dann in folgender Einteilung weiterarbeiten: Randmasche, 2 Maschen kraus rechts, 89 Maschen Grundmuster, 2 Maschen kraus rechts, Randmasche. Für die wellenförmigen Kanten rechts und links in jeder 6. Hin- und Rückreihe vor der 3.-letzten Masche mit der linken Nadel den Arbeitsfaden 1 x um die Kante des Strickstücks holen und diesen Faden als Umschlag auf die Nadel legen. Den Umschlag mit der folgenden

MATERIAL

- Woolly Hugs BOBBEL-COTTON XTRA (50 % Baumwolle, 50 % Polyacryl, Lauflänge ca. 800 m/200 g) von L&K (www.VeronikaHug.com):
  1 BOBBEL in Wunschfarbe
  (Original in Farbe Nr. 306)
- Stricknadeln Nr. 3,5–4,5

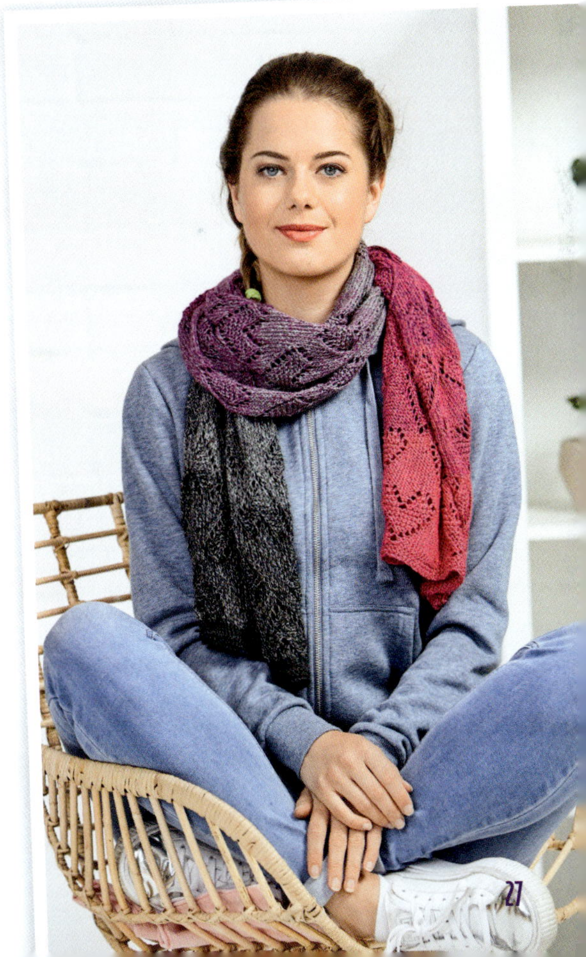

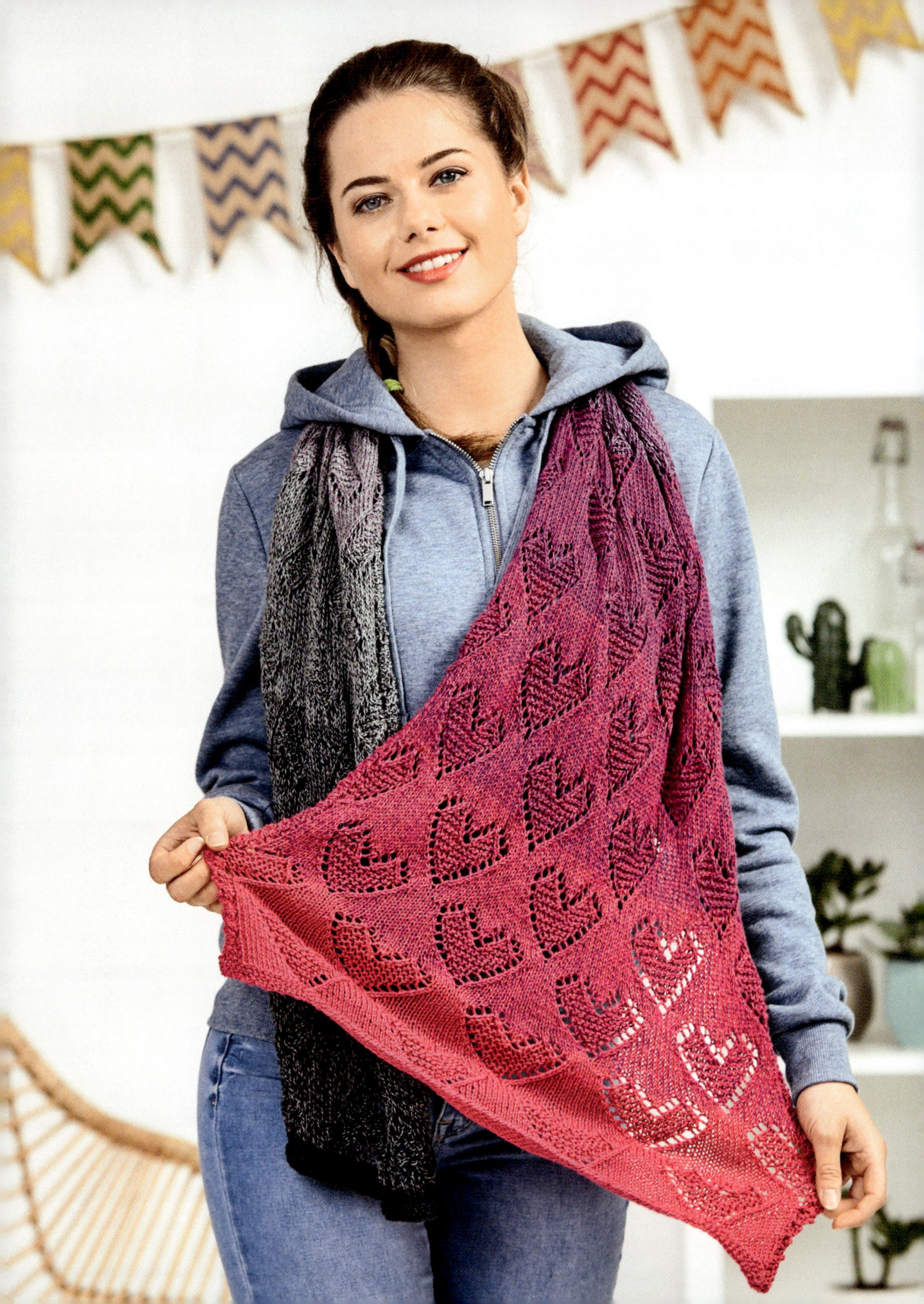

kraus rechten Masche rechts abstricken. In dieser Muster-Einteilung stricken, bis der BOBBEL fast aufgebraucht ist bzw. die Wunschlänge erreicht ist. Möglichst mit einer 24. oder 44. Reihe des Grundmusters enden, dabei in der 23. bzw. 43. Reihe im Muster kein neues Herz mehr beginnen, sondern diese Maschen rechts stricken. Abschließend für die Blende noch 1,5 cm kraus rechts stricken, dann alle Maschen locker abketten.

Fertigstellung: Das Tuch spannen, anfeuchten und trocknen lassen.

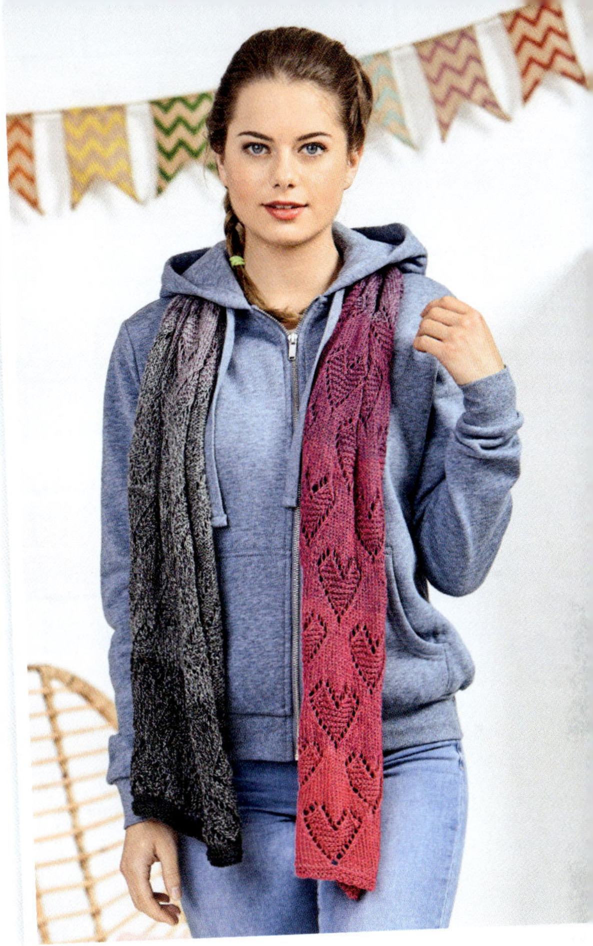

ZEICHENERKLÄRUNG

- ☒ = 1 Masche kraus rechts
- ☐ = 1 Masche rechts
- U = 1 Umschlag
- (Symbol) = 2 Maschen rechts zusammenstricken
- ↓ = 1 einfacher Überzug
- (Symbol) = 2 Maschen links zusammenstricken
- ↑ = 1 doppelter Überzug
- MS = Mustersatz

STRICKSCHRIFT

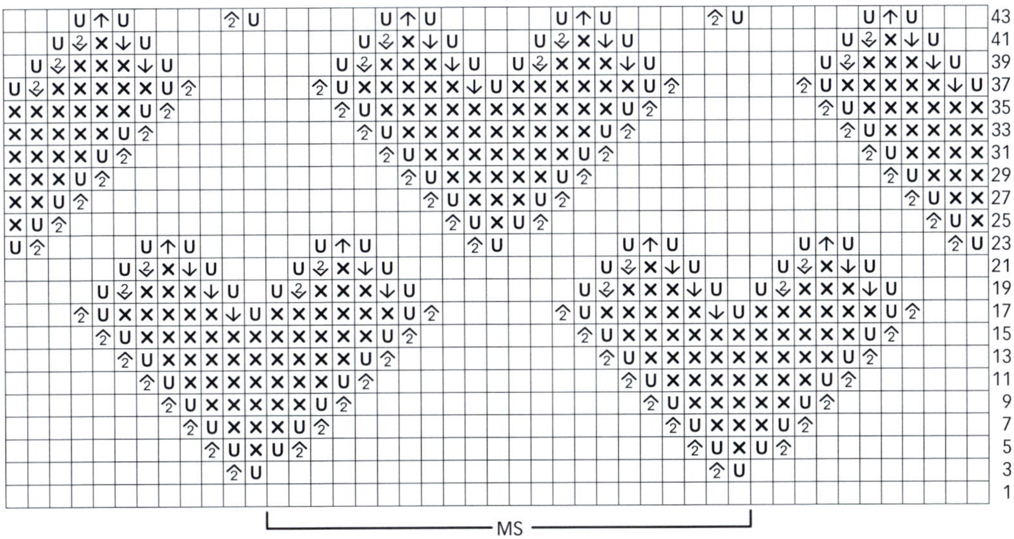

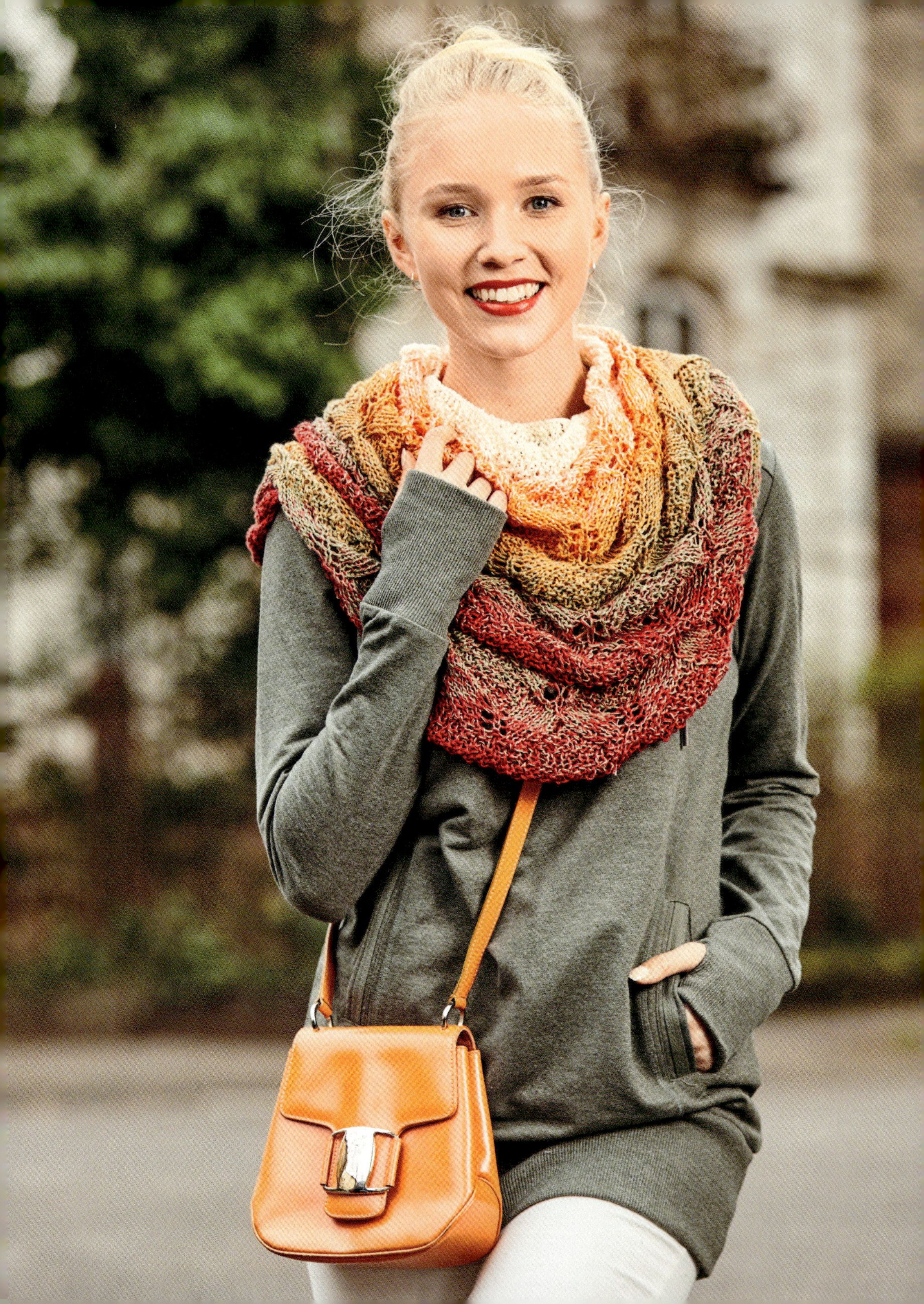

LOOP LAMPION

GRÖSSE: 35 x 160 cm (UMFANG)

MUSTER

Großes Perlmuster: 1 Masche rechts, 1 Masche links im Wechsel, jedoch nach jeder 2. Runde versetzt stricken.

Ajourmuster: Die Maschenzahl muss durch 18 teilbar sein. Laut Strickschrift arbeiten. Es sind nur die ungeraden Runden gezeichnet. In den geraden Runden alle Maschen stricken, wie sie erscheinen, Umschläge rechts stricken. In der Breite den Mustersatz stets wiederholen. In der Höhe die 1.–36. Runde stets wiederholen. Beim Pfeil in der 31. Reihe verschiebt sich der Mustersatz um 1 Masche nach rechts. Hier die letzte Masche der 30. Runde bereits mit den ersten 2 Maschen der 31. Runde als doppelten Überzug arbeiten.

MASCHENPROBE IM GRUNDMUSTER:
18 Maschen und 28 Reihen = 10 x 10 cm

Hinweis: Der BOBBEL kann wunschgemäß von innen oder von außen abgestrickt werden.

SO WIRD´S GEMACHT

342 Maschen anschlagen, zur Runde schließen und für die untere Blende 2 cm im Großen Perlmuster stricken. Anschließend bis zum letzten Farbwechsel im Ajourmuster weiterarbeiten. Danach für die obere Blende nochmals 2 cm im Großen Perlmuster stricken, dann alle Maschen locker abketten.

Fertigstellung: Den Loop spannen, anfeuchten und trocknen lassen.

MATERIAL

- Woolly Hugs BOBBEL-COTTON (50 % Baumwolle, 50 % Polyacryl, Lauflänge ca. 800 m/200 g) von L&K (www.VeronikaHug.com): 1 BOBBEL in Wunschfarbe (Original in Farbe Nr. 36)
- 1 Rundstricknadel Nr. 4–4,5

STRICKSCHRIFT

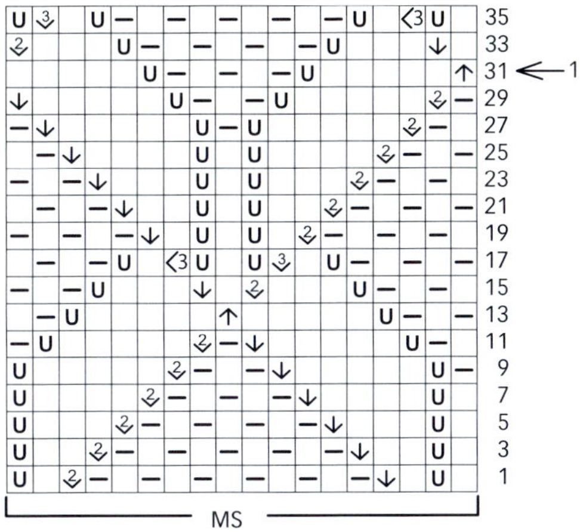

ZEICHENERKLÄRUNG

- □ = 1 Masche rechts
- – = 1 Masche links
- U = 1 Umschlag
- = 2 Maschen rechts zusammenstricken
- = 1 einfacher Überzug
- = 3 Maschen rechts verschränkt zusammenstricken
- = 1 doppelter Überzug
- = 3 Maschen rechts zusammenstricken
- MS = Mustersatz

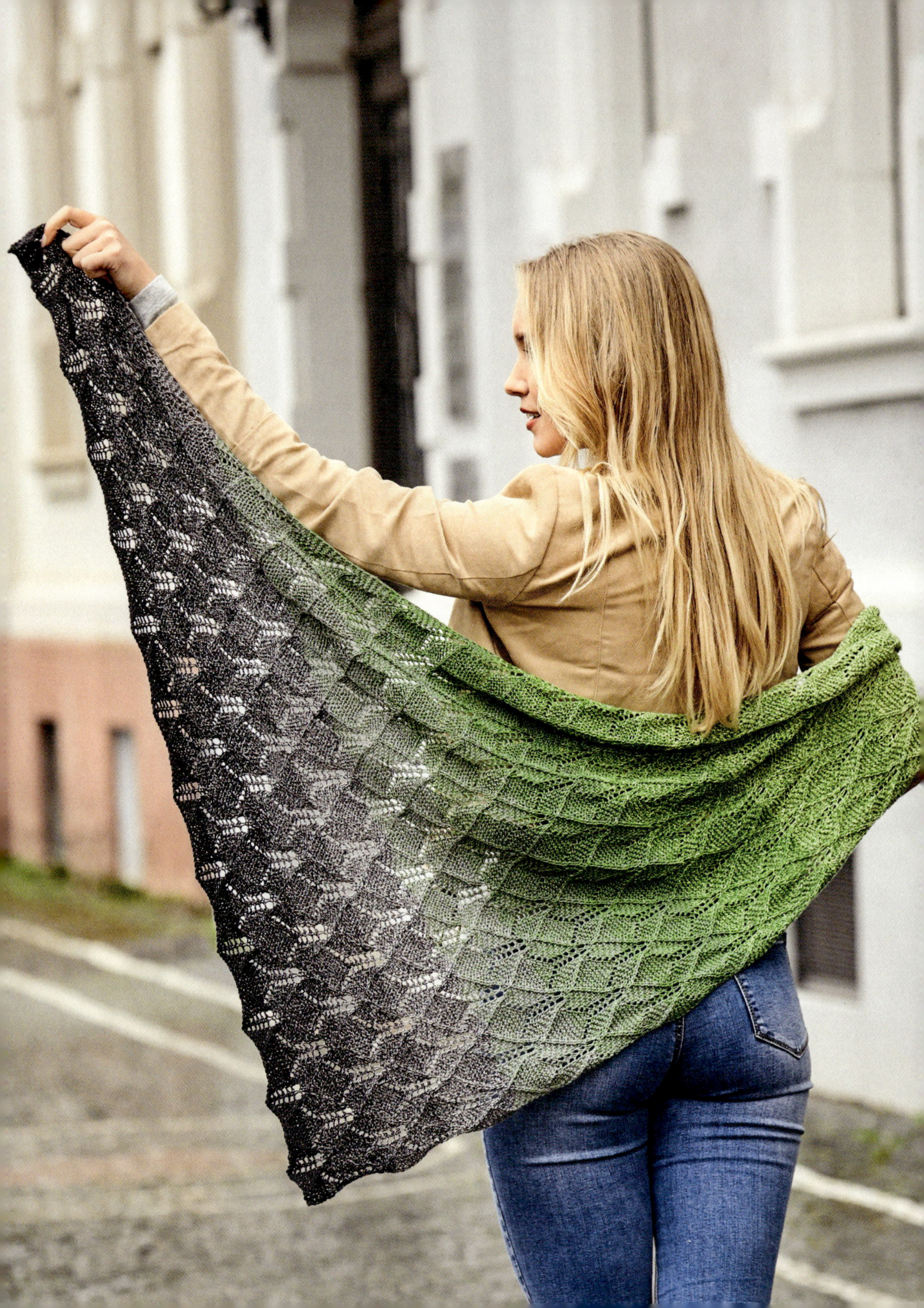

TUCH HEIMATLUST

GRÖSSE: 170 x 100 cm

MUSTER

Randmaschen: In Hinreihen am Reihenanfang (an der geraden Kante) links abheben (Faden vor der Arbeit), am Reihenende rechts stricken. In Rückreihen am Reihenanfang (an der schrägen Kante) und am Reihenende rechts stricken. Hinweis: Sollte sich die Kante an der Schrägung zusammenziehen, die Randmasche nach dem Abstricken etwas lang ziehen.

Kraus rechts: In Hin- und Rückreihen rechte Maschen stricken.

Grundmuster: Laut Strickschrift arbeiten. Es sind nur die Hinreihen gezeichnet. In den Rückreihen alle Maschen stricken, wie sie erscheinen bzw. wie in der Zeichenerklärung angegeben, Umschläge links stricken. In der Breite stets mit den Maschen vor dem Mustersatz (MS) beginnen, den MS stets wiederholen, enden mit den 4 Maschen nach dem MS.

MASCHENPROBE IM GRUNDMUSTER:
20 Maschen und 34 Reihen = 10 x 10 cm

MATERIAL

- Woolly Hugs BOBBEL-COTTON XTRA (50 % Baumwolle, 50 % Polyacryl, Lauflänge ca. 800 m/200 g) von L&K (www.VeronikaHug.com):
  1 BOBBEL in Wunschfarbe
  (Original in Farbe Nr. 307)
- Stricknadeln Nr. 3,5–4,5

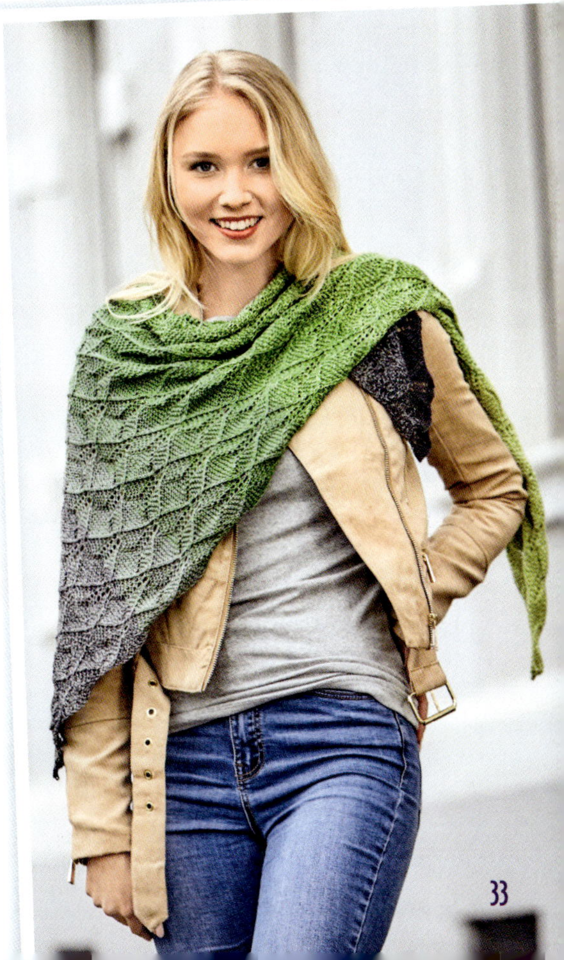

SO WIRD´S GEMACHT

An der unteren Spitze beginnend 4 Maschen anschlagen und 1 Rückreihe rechte Maschen stricken. Dann laut Grundmuster weiterarbeiten. Die 1.–84. Reihe 1 x arbeiten, dann die 49.–84. Reihe stets wiederholen. Die Zunahmen durch die Umschläge wie eingezeichnet ausführen und systematisch fortsetzen. Kurz bevor der BOBBEL aufgebraucht ist, alle Maschen locker abketten.

Fertigstellung: Das Tuch spannen, anfeuchten und trocknen lassen.

STRICKSCHRIFT

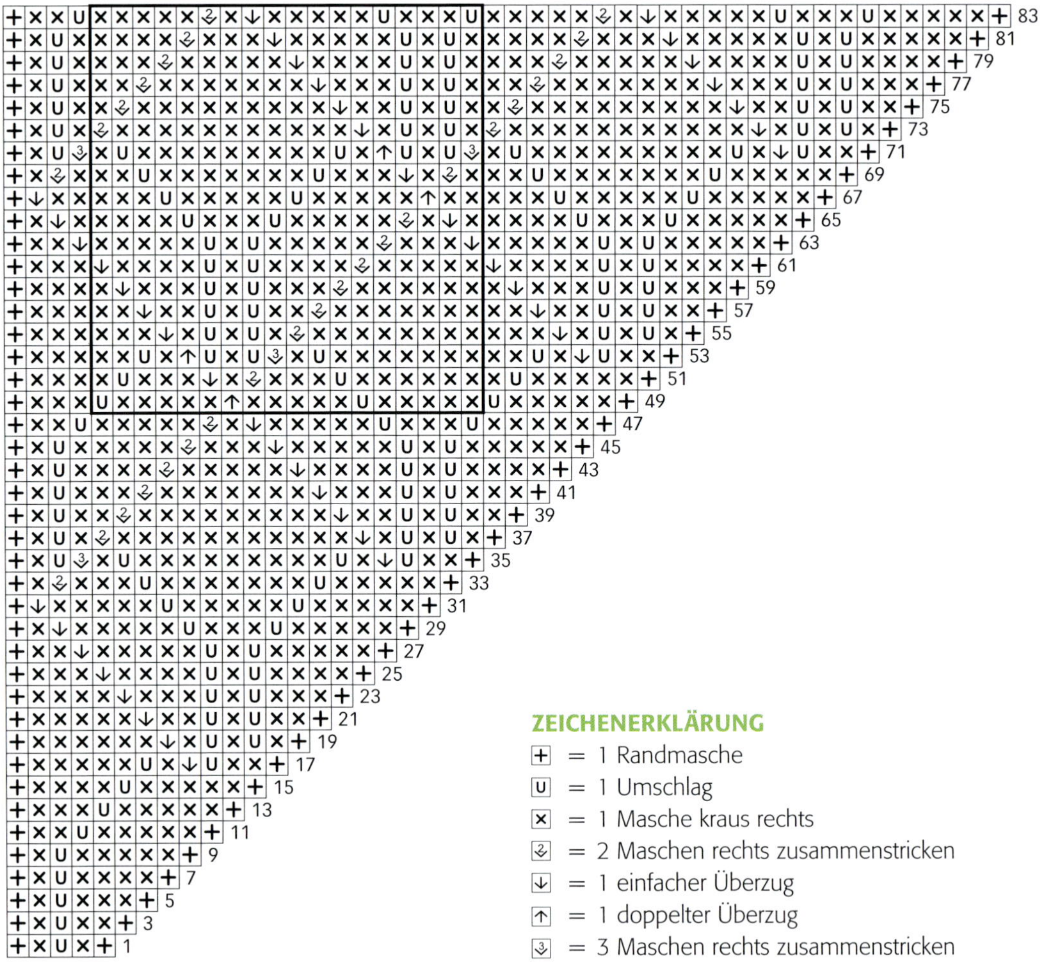

ZEICHENERKLÄRUNG

+ = 1 Randmasche

U = 1 Umschlag

× = 1 Masche kraus rechts

= 2 Maschen rechts zusammenstricken

↓ = 1 einfacher Überzug

↑ = 1 doppelter Überzug

= 3 Maschen rechts zusammenstricken

PONCHO FLANIERMEILE

EINHEITSGRÖSSE

MUSTER

Randmaschen: Am Reihenanfang links abheben (Faden vor der Arbeit), am Reihenende rechts stricken.

Patentmuster 2-farbig in Reihen (mit ungerader Maschenzahl): Nach dem Anschlagen der Maschen mit Farbe A, die Maschen wieder an das andere Ende der Nadel schieben und mit der 2. Farbe beginnen: **1. Reihe – Farbe B:** 1 Masche mit 1 Umschlag links abheben, 1 Masche links im Wechsel, enden mit 1 Masche mit 1 Umschlag links abheben; **2. Reihe – Farbe A**: 1 Masche mit dem Umschlag links zusammenstricken, 1 Masche mit 1 Umschlag links abheben im Wechsel, enden mit 1 Masche mit dem Umschlag links zusammenstricken; * die Maschen an das andere Ende der Nadel schieben; **3. Reihe – Farbe B:** 1 Masche mit 1 Umschlag links abheben, 1 Masche mit dem Umschlag rechts zusammenstricken im Wechsel, enden mit 1 Masche mit 1 Umschlag links abheben; **4. Reihe – Farbe A:** 1 Masche mit dem Umschlag rechts zusammenstricken, 1 Masche mit 1 Umschlag links abheben im Wechsel, enden mit 1 Masche mit dem Umschlag rechts zusammenstricken; die Maschen an das andere Ende der Nadel schieben; **5. Reihe – Farbe B:** 1 Masche mit 1 Umschlag links abheben, 1 Masche mit dem Umschlag links zusammenstricken im Wechsel, enden mit 1 Masche mit 1 Umschlag links abheben; **6. Reihe – Farbe A:** 1 Masche mit dem Umschlag links zusammenstricken, 1 Masche mit 1 Umschlag links abheben im Wechsel, enden mit 1 Masche mit dem Umschlag links zusammenstricken. Ab * stets wiederholen.

MASCHENPROBE IM GRUNDMUSTER:
18 Maschen und 28 Reihen = 10 x 10 cm

MATERIAL

- Woolly Hugs BOBBEL-COTTON (50 % Baumwolle, 50 % Polyacryl, Lauflänge ca. 800 m/200 g) von L&K (www.VeronikaHug.com): 2 BOBBEL in Wunschfarbe (Original in Farbe A = Nr. 22; Farbe B = Nr. 09)
- 1 Rundstricknadel Nr. 4–4,5

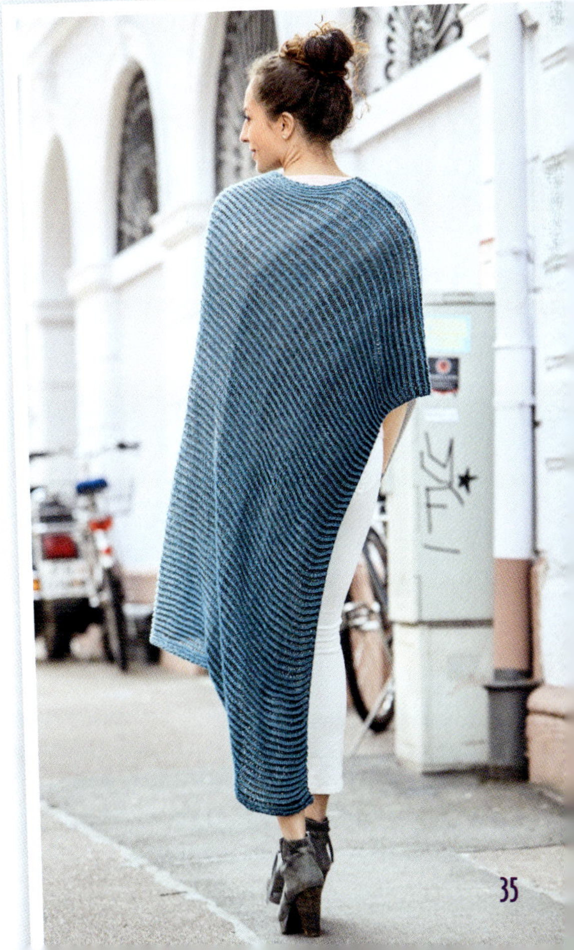

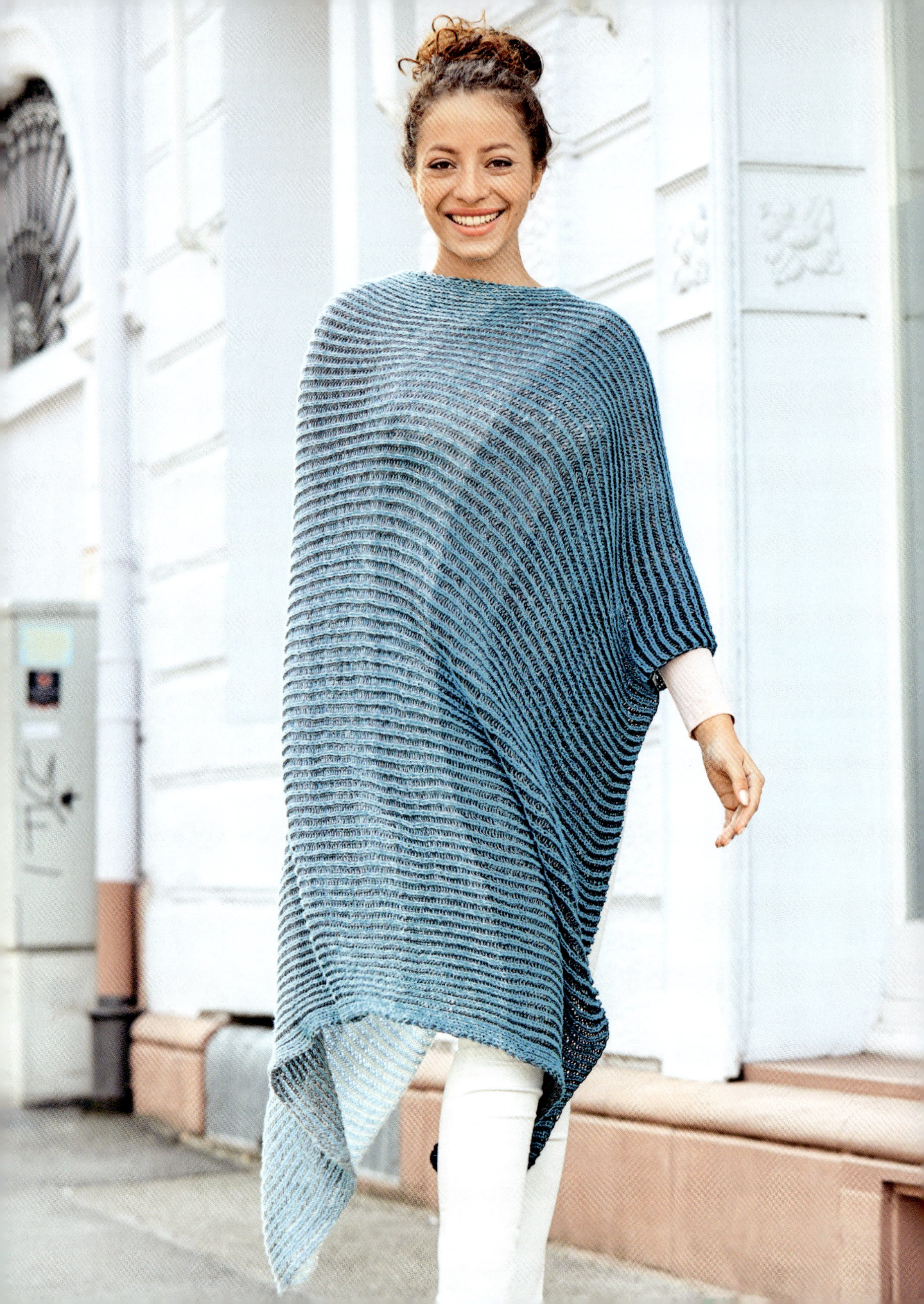

Hinweis: Die BOBBEL können wunschgemäß von innen oder von außen abgestrickt werden.

SO WIRD´S GEMACHT

145 Maschen mit Farbe A anschlagen und im 2-farbigen Patentmuster stricken, bis beide BOBBEL fast aufgebraucht sind. Dann alle Maschen locker abketten. Es entsteht ein Strickteil von ca. 90 cm Breite und 180 cm Länge.

Fertigstellung: Anschlag- und Abkettkante aufeinanderlegen. Auf einer Seite die Seitennaht ab der offenen Kante über 62 cm schließen. Die restlichen 28 cm bis zum Bruch für den Halsausschnitt offen lassen.

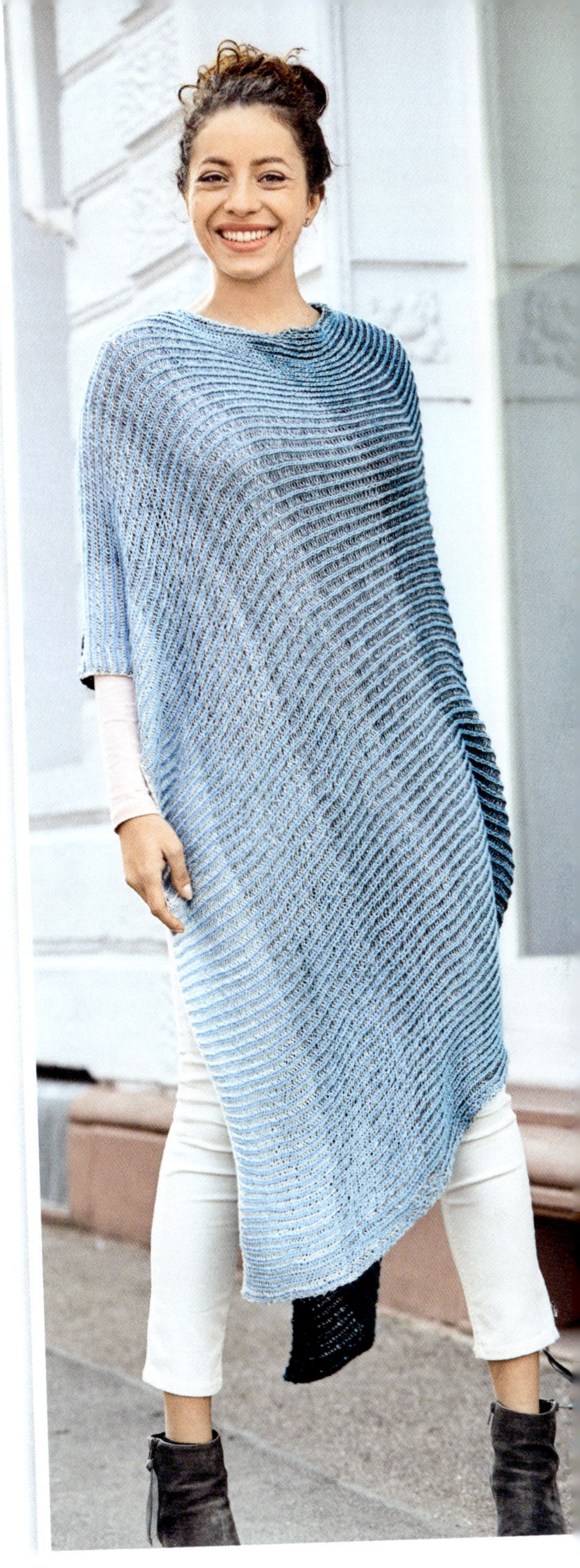

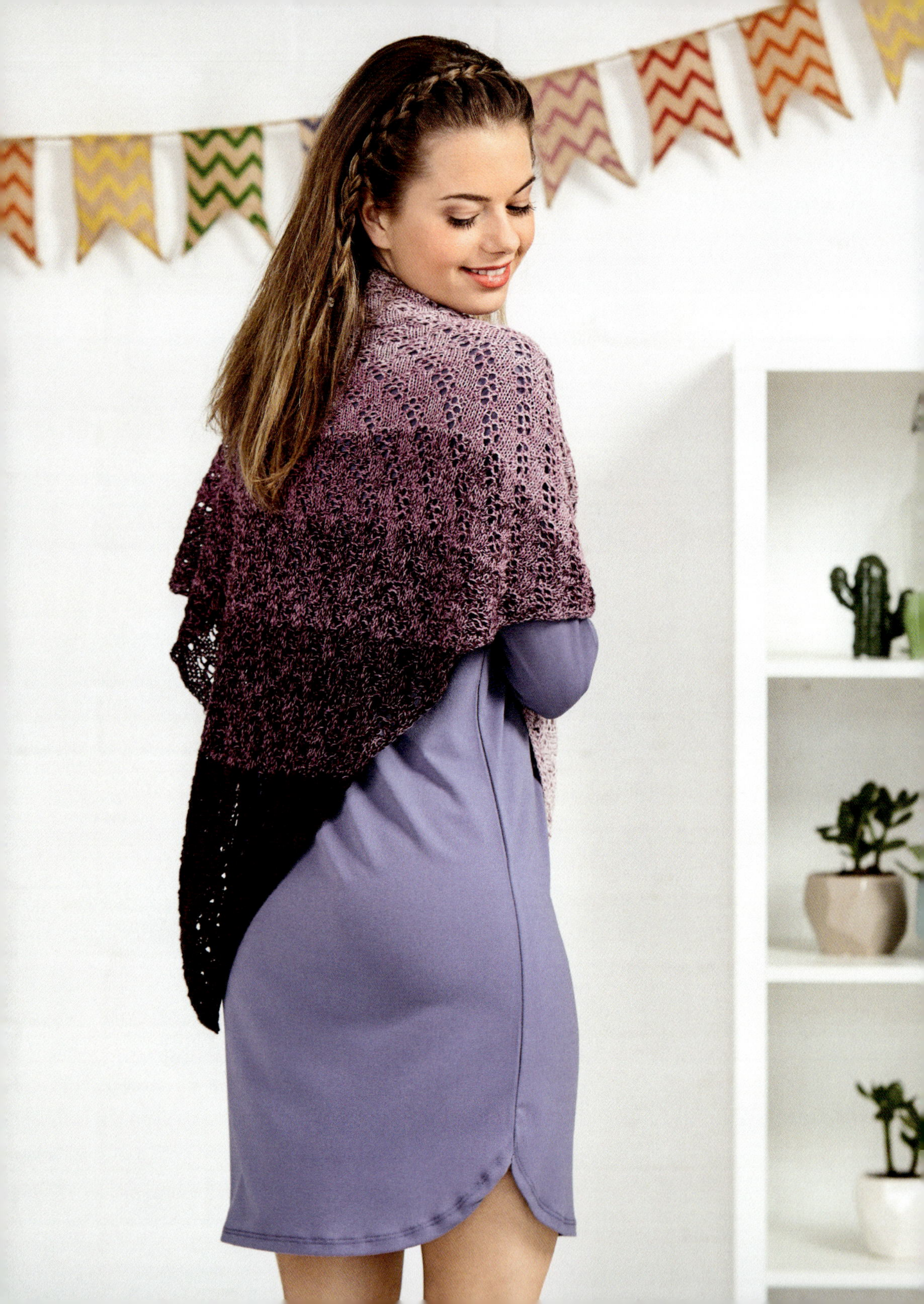

TUCH MINI-KAROS

GRÖSSE: 180 x 90 cm

MUSTER

Randmaschen: In Hinreihen rechts, in Rückreihen links stricken. Hinweis: Sollte sich die Kante an der Schrägung zusammenziehen, die Randmasche nach dem Abstricken etwas lang ziehen.

Grundmuster: Laut Strickschrift arbeiten. Es sind nur die Hinreihen gezeichnet. In den Rückreihen alle Maschen stricken, wie sie erscheinen, Umschläge links stricken. In der Breite stets mit den Maschen vor dem Mustersatz (MS = grau unterlegte Zeichen) beginnen, den MS so oft wiederholen wie möglich, enden mit den Maschen nach dem MS.

MASCHENPROBE IM GRUNDMUSTER:
18 Maschen und 30 Reihen = 10 x 10 cm

SO WIRD´S GEMACHT

An der unteren Spitze beginnend 6 Maschen anschlagen und im Grundmuster arbeiten. Die 1.–24. Reihe 1 x arbeiten. Danach die 9.–24. Reihe stets wiederholen. Kurz bevor der BOBBEL aufgebraucht ist, alle Maschen locker abketten.

Fertigstellung: Tuch spannen, anfeuchten und trocknen lassen.

MATERIAL

- Woolly Hugs BOBBEL-COTTON (50 % Baumwolle, 50 % Polyacryl, Lauflänge ca. 800 m/200 g) von L&K (www.VeronikaHug.com):
  1 BOBBEL in Wunschfarbe
  (Original in Farbe Nr. 22)
- Stricknadeln Nr. 3,5–4

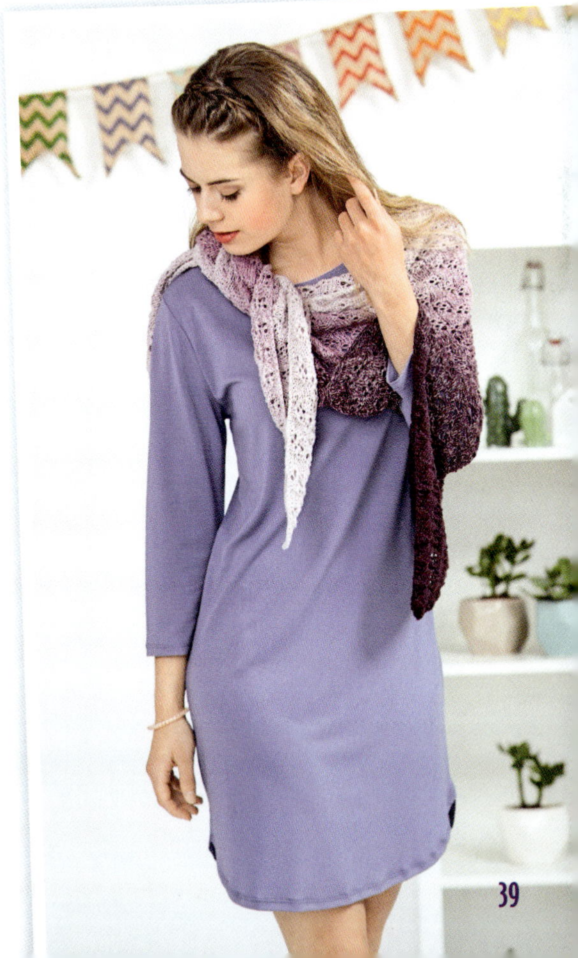

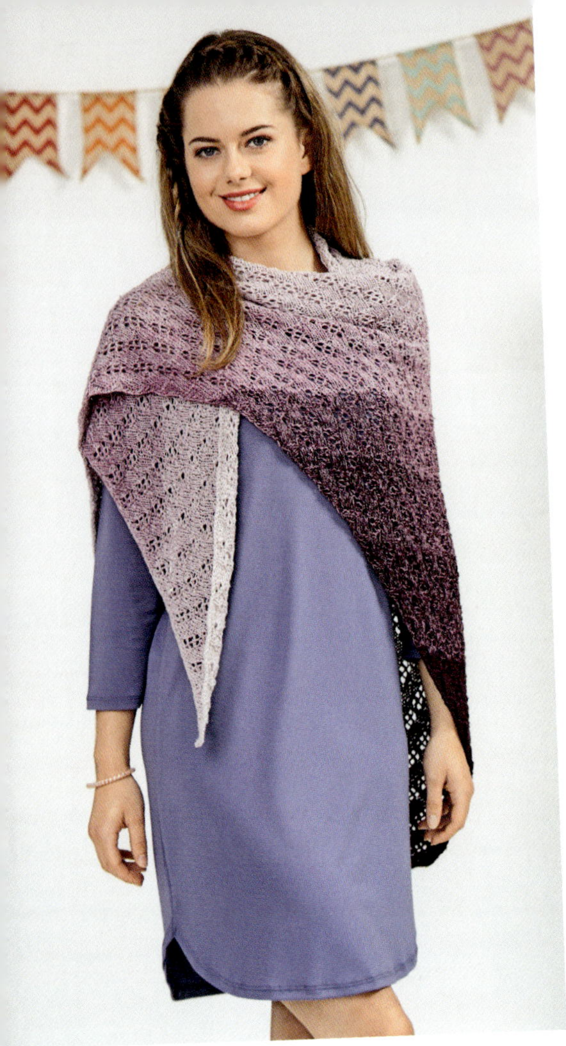

ZEICHENERKLÄRUNG

- + = 1 Randmasche
- I = 1 Masche rechts
- – = 1 Masche links
- ⊍ = 1 Masche verschränkt aus dem Querfaden zunehmen
- ⩡ = 2 Maschen rechts zusammenstricken
- ↓ = 1 einfacher Überzug
- U = 1 Umschlag

STRICKSCHRIFT

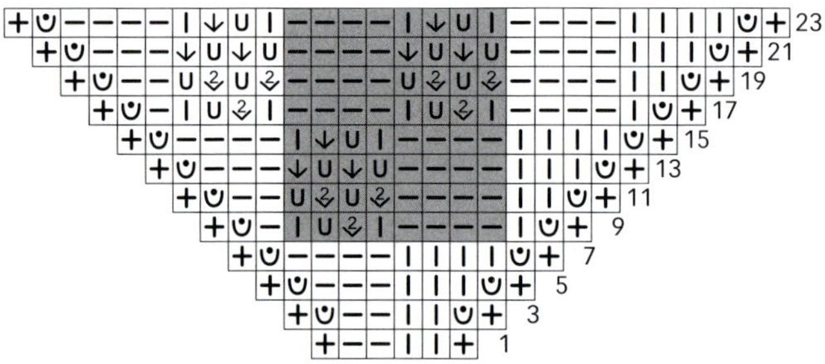

TUCH HERZELTAGE

GRÖSSE: ca. 180 x 80 cm

MUSTER

Randmaschen: Am Reihenanfang links abheben (Faden vor der Arbeit), am Reihenende rechts stricken.
Kraus rechts: In Hin- und Rückreihen rechte Maschen stricken.
Grundmuster: Laut Strickschrift arbeiten. Es sind nur die Hinreihen gezeichnet. In den Rückreihen alle Maschen und Umschläge links stricken. Die rosa und gelb unterlegten Zeichen bilden jeweils einen Mustersatz (MS). In der Breite mit den Maschen vor dem MS beginnen, den MS stets wiederholen, enden mit den Maschen nach dem MS.

MASCHENPROBE IM GRUNDMUSTER:
20 Maschen und 30 Reihen = 10 x 10 cm

Hinweis: Der BOBBEL kann wunschgemäß von innen oder von außen abgestrickt werden.

MATERIAL

- Woolly Hugs BOBBEL-COTTON (50 % Baumwolle, 50 % Polyacryl, Lauflänge ca. 800 m/200 g) von L&K (www.VeronikaHug.com): 1 BOBBEL in Wunschfarbe (Original in Farbe Nr. 312)
- 1 lange Rundstricknadel Nr. 3,5–4

SO WIRD´S GEMACHT

An der unteren Spitze beginnend 9 Maschen anschlagen und 1 Rückreihe rechte Maschen stricken. Dann mit der 1. Reihe der Strickschrift beginnen: Die 1.–60. Reihe 1 x arbeiten. Ab der 41. Reihe ist in der 2. Hälfte zum ersten Mal die Strickschrift nicht vollständig gezeichnet. Hier arbeitet man die Maschen innerhalb des gelben Kastens 2 x und endet mit den Maschen nach dem gelben Kasten. Die leeren Kästchen haben dabei keine Bedeutung – sie dienen nur der besseren Übersicht.
Nach der 60. Reihe zunächst die 59. und 60. Reihe noch 1 x wiederholen. Danach sind 62 Reihen ab Anschlag gestrickt und 131 Maschen in Arbeit. Nun die 23.–62. Reihe stets wiederholen. Dabei zunächst in der 63. Reihe mit den Maschen vor dem roten Kasten beginnen, danach diesen insgesamt 3 x arbeiten, dann die 5 Maschen zwischen dem rosafarbenen und gelben Kasten 1 x stricken. Anschließend die Maschen im gelben Kasten 3 x arbeiten und mit den Maschen nach dem gelben Kasten enden.
Das Tuch bis zur Wunschgröße arbeiten. Vor dem letzten Farbfeld mit einer 39., 41., 43., 45. oder 60. Reihe enden. Dann die 13.–18. Reihe so oft wiederholen, bis der BOBBEL fast aufgebraucht ist. Mit 2 Reihen kraus rechts enden. Danach die Maschen locker abketten.

Fertigstellung: Die Anschlagmaschen mit dem Anfangsfaden zusammenziehen. Tuch leicht spannen, anfeuchten und trocknen lassen.

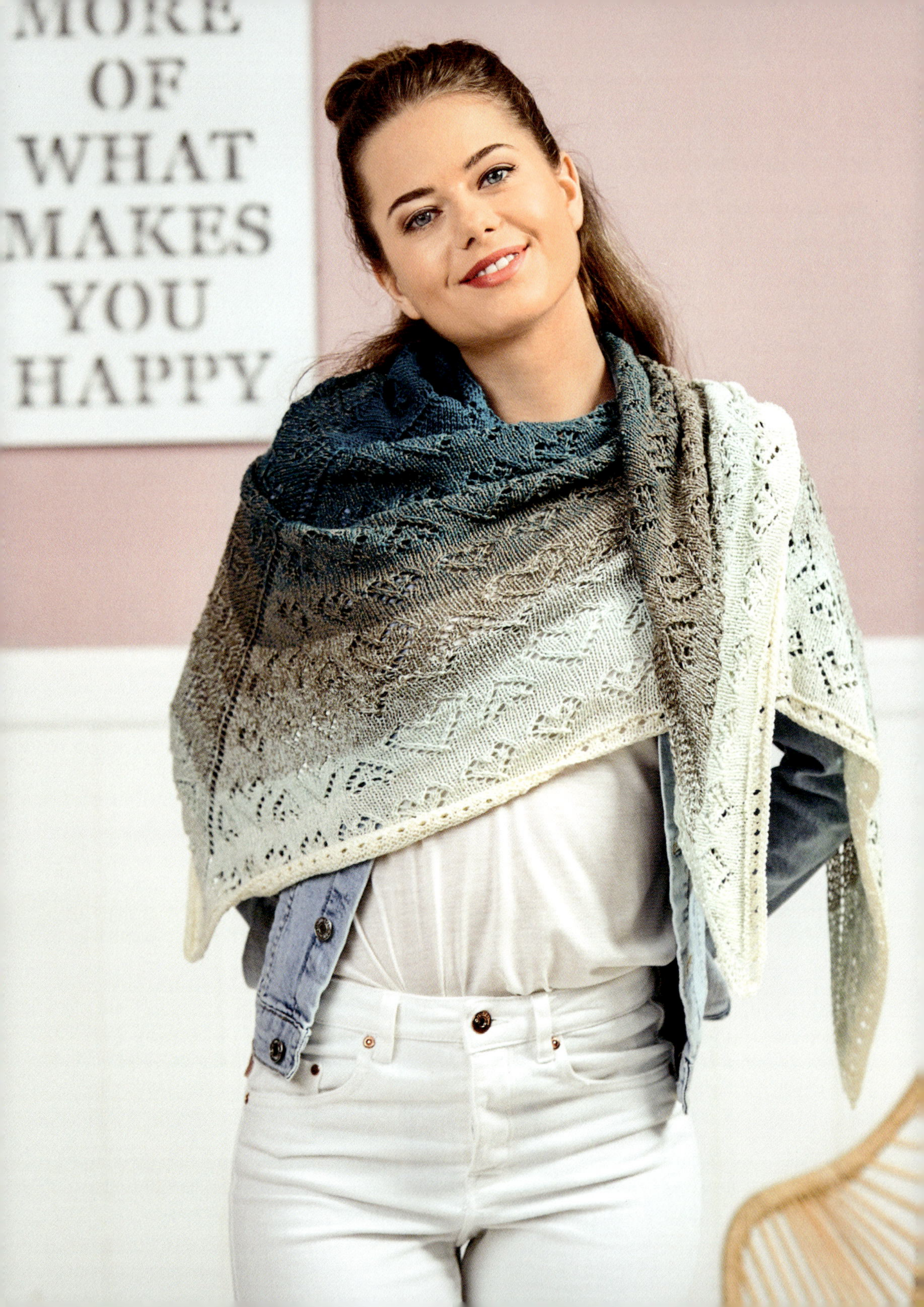
MORE
OF
WHAT
MAKES
YOU
HAPPY

STRICKSCHRIFT

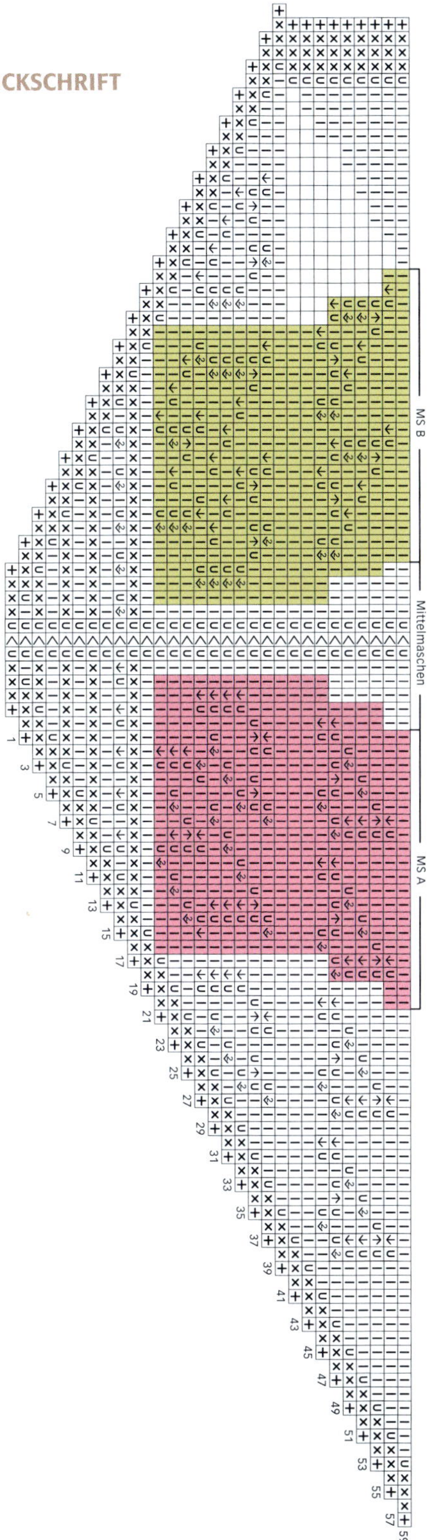

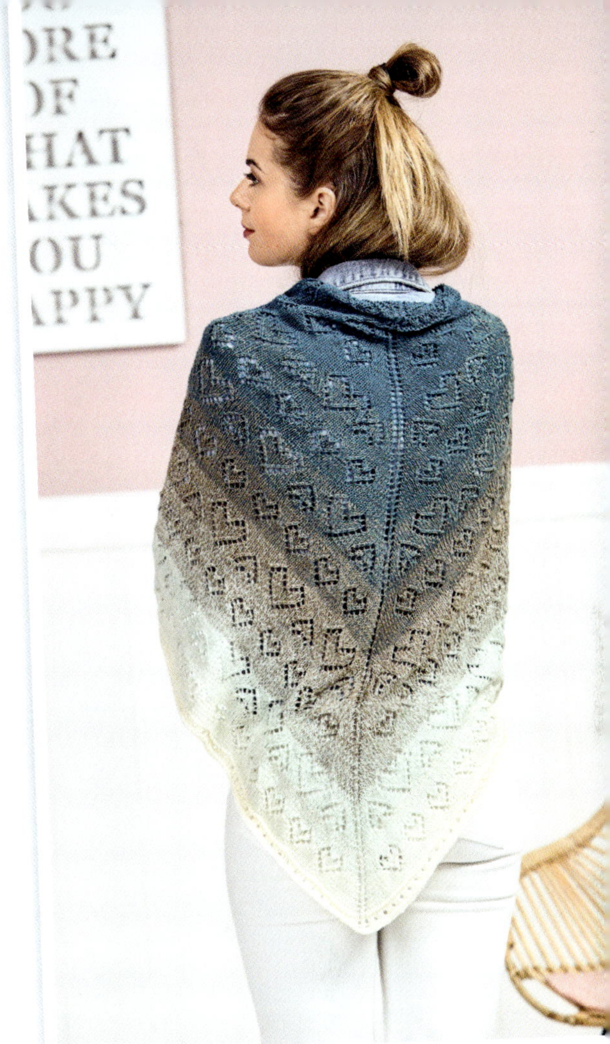

ZEICHENERKLÄRUNG

- + = 1 Randmasche
- × = 1 Masche kraus rechts
- | = 1 Masche rechts
- < = 1 Masche rechts verschränkt
- U = 1 Umschlag
- ⦣ = 2 Maschen rechts zusammenstricken
- ↓ = 1 einfacher Überzug
- ↑ = 1 doppelter Überzug
- □ = keine Bedeutung, das Kästchen dient der besseren Übersicht

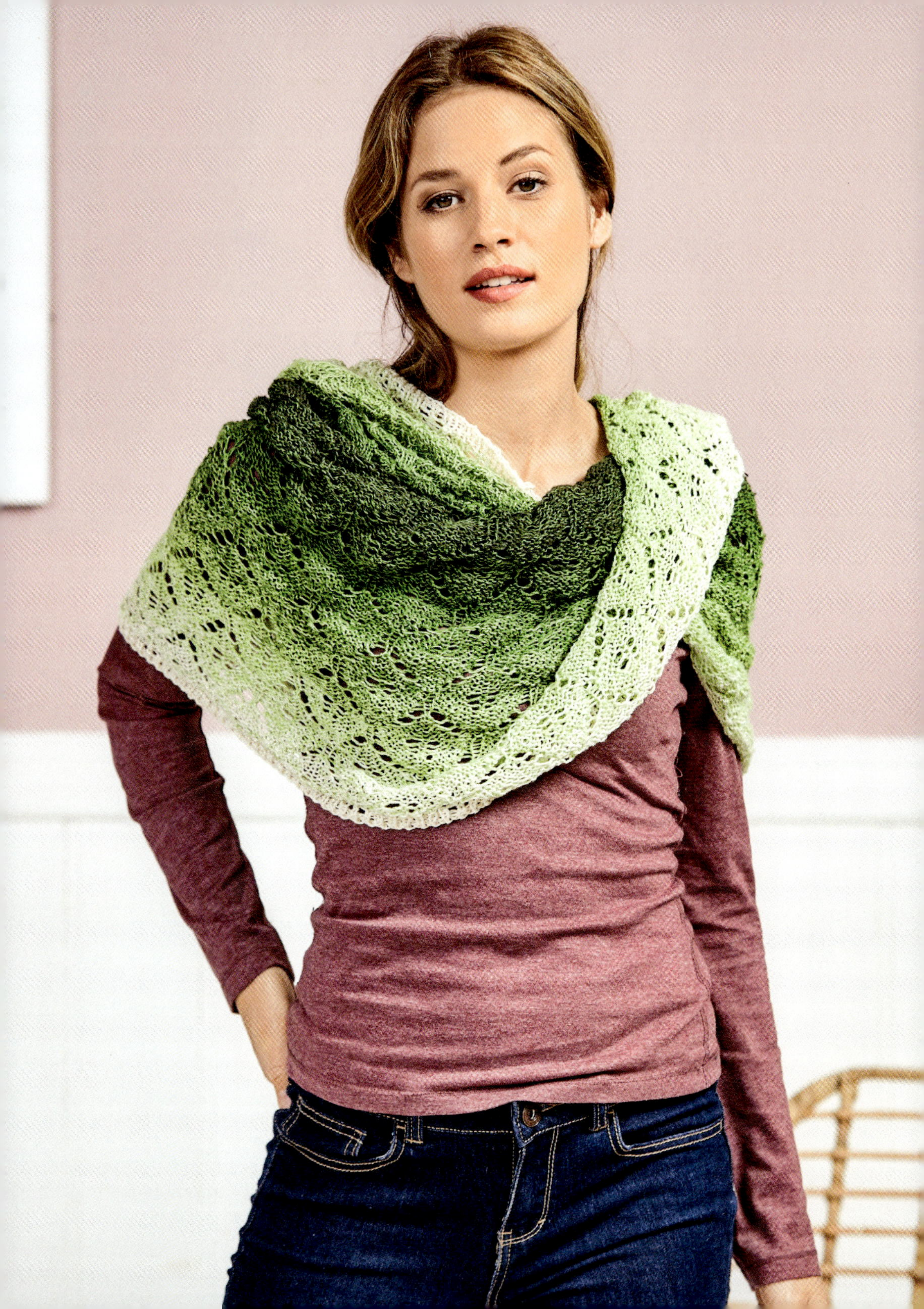

MÖBIUS-SCHAL LILIENZAUBER

GRÖSSE: 32 cm HOCH (DOPPELT GELEGT) x ca. 100 cm (UMFANG)

MUSTER

Rippenmuster: 1 Masche rechts, 1 Masche links im Wechsel stricken.

Möbius-Technik: Die Hälfte der benötigten Maschenzahl auf einer Rundstricknadel anschlagen und die Arbeit wenden (nicht zur Runde schließen). Nun für die 1. Runde die 1. bis letzte Masche rechts abstricken. Danach die Arbeit leicht nach vorne drehen und gleich im Anschluss aus der unteren Anschlagkante aus der 1. bis letzten Masche jeweils 1 rechte Masche herausstricken. Danach befindet sich die doppelte Maschenzahl in Arbeit und man strickt ab der 2. Runde jeweils alle Maschen wie eine „Achter-Linie" ab – jede Runde ist also eine Doppel-Runde.

Ajourmuster: Die Maschenzahl muss durch 12 teilbar sein. Es sind nur die ungeraden Runden gezeichnet. In den geraden Runden alle Maschen stricken, wie sie erscheinen, Umschläge rechts stricken. Die 1.–28. Runde stets wiederholen.

MASCHENPROBE IM AJOURMUSTER:
18 Maschen und 24 Reihen = 10 x 10 cm

SO WIRD´S GEMACHT

In der Möbius-Technik 180 Maschen anschlagen (= 360 Maschen) und für die Blende 2 cm im Rippenmuster stricken. Anschließend im Ajourmuster weiterarbeiten. Nach dem letzten Farbwechsel für die Abschlussblende nochmals 2 cm im Rippenmuster stricken, dann alle Maschen locker abketten.

MATERIAL

- Woolly Hugs BOBBEL-COTTON (50 % Baumwolle, 50 % Polyacryl, Lauflänge ca. 800 m/200 g) von L&K (www.VeronikaHug.com): 1 BOBBEL in Wunschfarbe (Original in Farbe Nr. 30)
- 1 Rundstricknadel Nr. 4–5

STRICKSCHRIFT

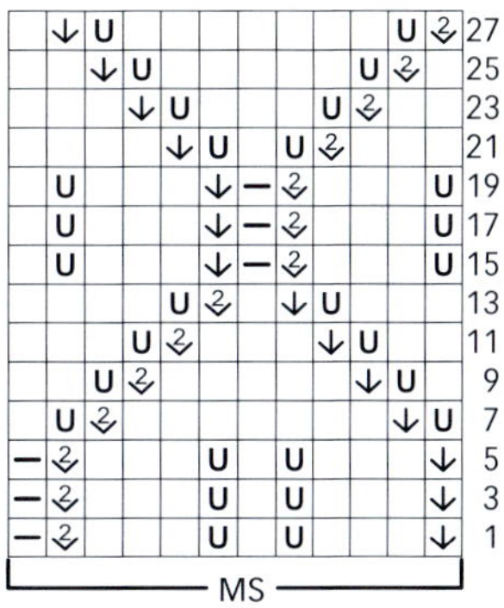

ZEICHENERKLÄRUNG

□ = 1 Masche rechts
– = 1 Masche links
U = 1 Umschlag
= 2 Maschen rechts zusammenstricken
↓ = 1 einfacher Überzug

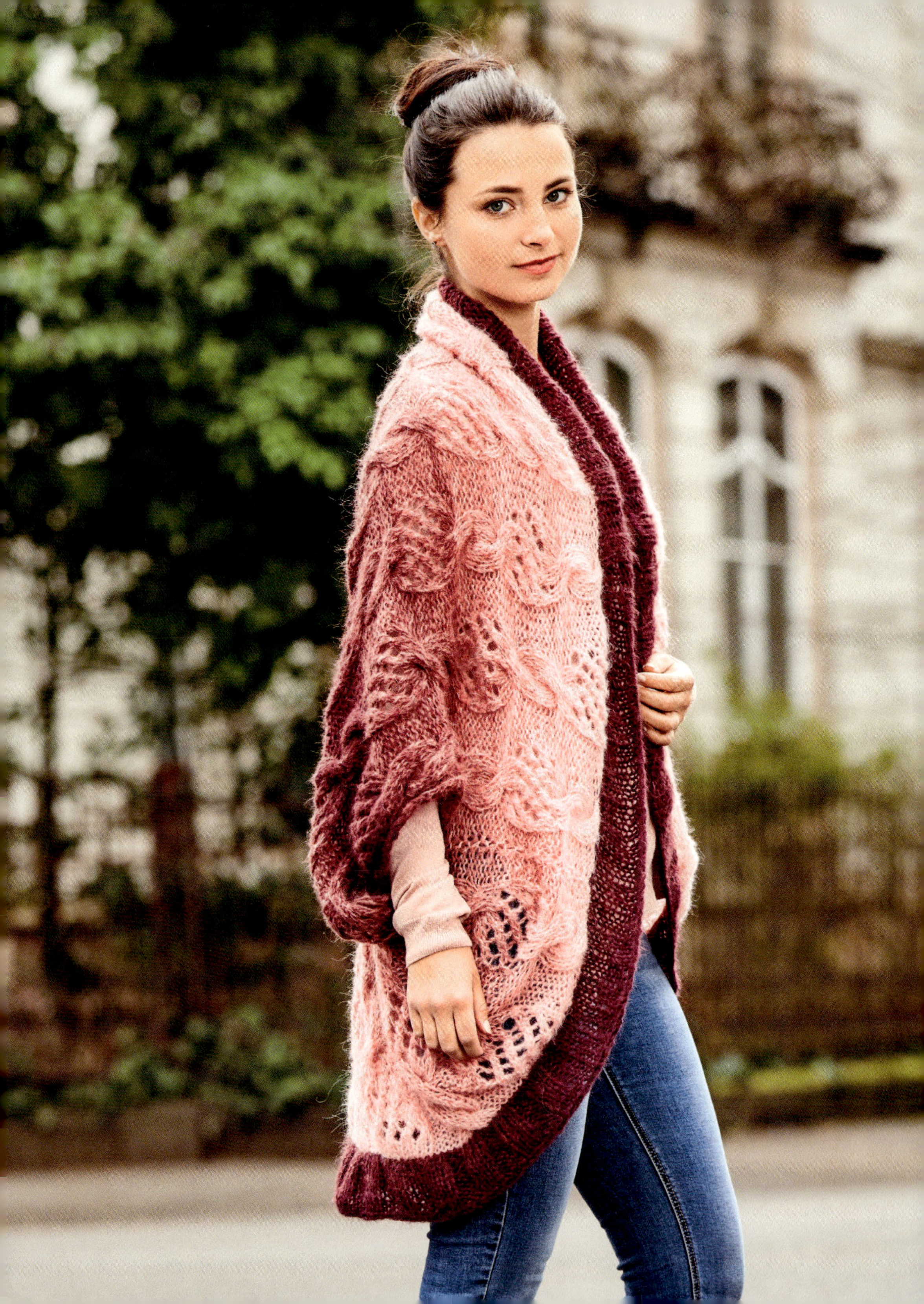

SEELENWÄRMER AJOUR-ZÖPFE

EINHEITSGRÖSSE

Hinweis: Für einen harmonischen Farbverlauf den 1. BOBBEL von innen nach außen abstricken, den 2. von außen nach innen.

MUSTER

Randmaschen: In Hinreihen rechts, in Rückreihen links stricken.
Rippenmuster: 3 Maschen rechts, 3 Maschen links im Wechsel stricken.
Grundmuster: Die Maschenzahl muss durch 26 teilbar sein, plus 14 Maschen, damit das Muster rechts und links aufgeht, plus 2 Randmaschen. Laut Strickschrift arbeiten. Es sind nur die Hinreihen gezeichnet. In den Rückreihen alle Maschen stricken, wie sie erscheinen, Umschläge links stricken. In der Breite mit den 4 Maschen vor dem Mustersatz (MS) beginnen, den MS stets wiederholen, enden mit den 12 Maschen nach dem MS. Die 1.–32. Reihe stets wiederholen.

MASCHENPROBE GLATT RECHTS:
14 Maschen und 21 Reihen = 10 x 10 cm

SO WIRD´S GEMACHT

An der unteren Kante beginnend 146 Maschen anschlagen und im Grundmuster arbeiten, bis nur noch 1 Farbwechsel des 1. BOBBELs übrig ist. Dann vom 2. BOBBEL den gleichen Farbabschnitt abwickeln und mustergemäß fortfahren, bis der 2. BOBBEL aufgebraucht ist. Es entsteht ein Strickstück mit ca. 104 cm Breite und 90 cm Höhe.

MATERIAL

- Woolly Hugs BOBBEL-MOHAIR (15 % Mohair, 85 % Polyamid, Lauflänge ca. 420 m/150 g) von L&K (www.VeronikaHug.com): 2 BOBBEL in Wunschfarbe (Original in Farbe Nr. 204)
- Stricknadeln Nr. 5–6, 1 lange Rundstricknadel Nr. 5–6
- Zopf- oder Hilfsnadeln

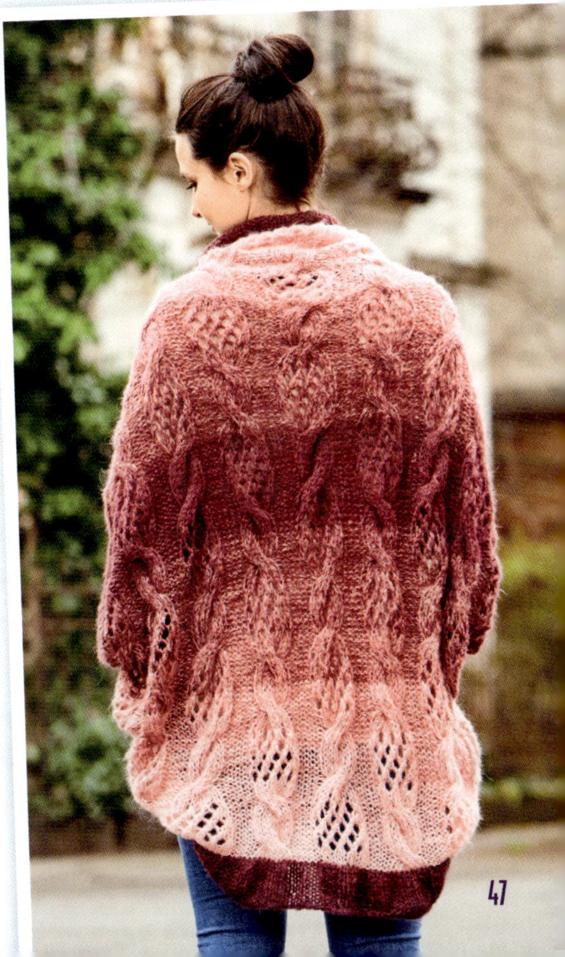

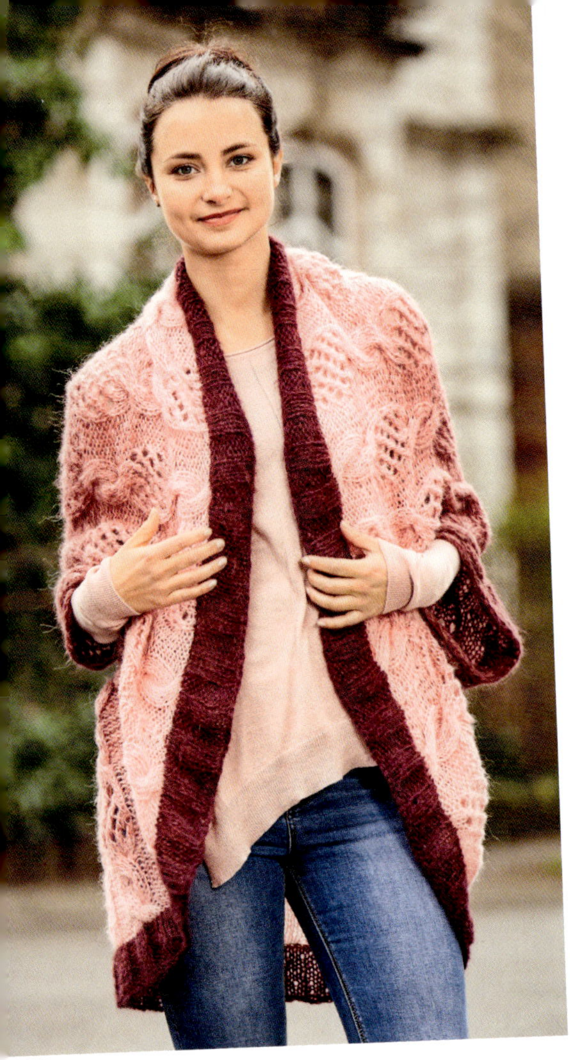

Fertigstellung: Die Anschlag- und Abkettkante aufeinanderlegen, sodass ein Rechteck mit 104 cm Breite und 45 cm Höhe entsteht. Die Seitennähte schließen, dabei ab dem Bruch 22 cm für die Armausschnitte offen lassen. Für die Blende mit dem Rest des 1. BOBBELs ringsum aus der Anschlag- und Abkettkante Maschen auffassen, und zwar ca. 14 Maschen über eine Strecke von 10 cm. Die Maschenzahl muss durch 6 teilbar sein. Über diese Maschen im Rippenmuster stricken. Nachdem der 1. BOBBEL abgestrickt ist, mit dem abgewickelten Farbabschnitt des 2. BOBBELs fortfahren. Nach 7 cm Blendenhöhe alle Maschen locker abketten.

ZEICHENERKLÄRUNG

+ = 1 Randmasche

− = 1 Masche links

I = 1 Masche rechts

⩗ = 2 Maschen rechts zusammenstricken

U = 1 Umschlag

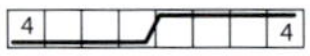

= 8 Maschen nach rechts verzopfen (= 4 Maschen auf 1 Hilfsnadel hinter die Arbeit legen, die folgenden 4 Maschen rechts stricken, dann die 4 Maschen der Hilfsnadel rechts stricken)

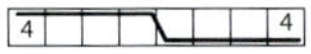

= 8 Maschen nach links verzopfen (= 4 Maschen auf 1 Hilfsnadel vor die Arbeit legen, die folgenden 4 Maschen rechts stricken, dann die 4 Maschen der Hilfsnadel rechts stricken)

STRICKSCHRIFT

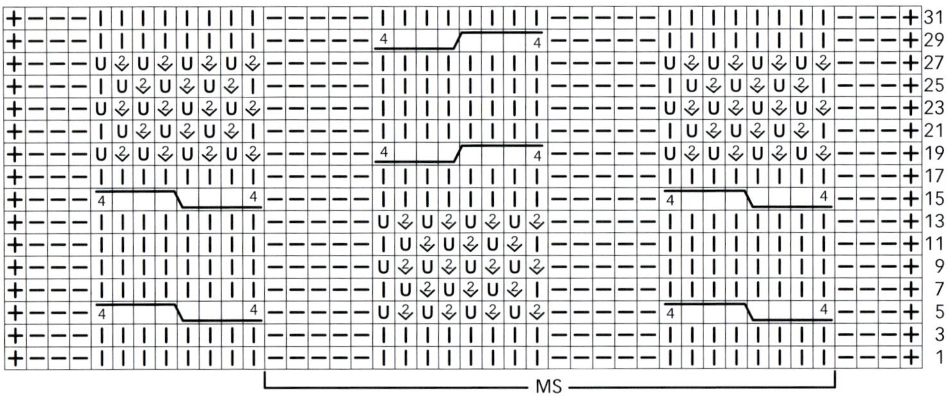

PONCHO WELLNESS

EINHEITSGRÖSSE

Hinweis: Für einen harmonischen Farbverlauf stets abwechselnd 1 Runde mit dem 1. BOBBEL und 1 Runde mit dem 2. BOBBEL arbeiten.

MUSTER

Randmaschen: In Hinreihen rechts, in Rückreihen links stricken.
Rippenmuster: 1 Masche rechts, 1 Masche links im Wechsel stricken.
Kraus rechts: In Hin- und Rückreihen rechte Maschen stricken.
Zopfmuster: Die Maschenzahl muss durch 9 teilbar sein, plus 3 zusätzliche Maschen, damit das Muster rechts und links aufgeht, plus 2 Randmaschen. Laut Strickschrift arbeiten. Die 3., 5., und 7. Reihe genau wie die 1. Reihe arbeiten, die 2., 4. und 6. Reihe wie die 8. Reihe arbeiten. Die 1.–12. Reihe stets wiederholen.

MASCHENPROBE GLATT RECHTS:
14 Maschen und 21 Reihen = 10 x 10 cm

SO WIRD´S GEMACHT

Für die Bindebänder mit doppeltem Faden 2 Luftmaschenketten mit ca. 80 cm Länge häkeln.

Am oberen Kragenende beginnend 120 Maschen mit dem 1. BOBBEL anschlagen, zur Runde schließen und im Rippenmuster stricken, dabei für einen harmonischen Farbverlauf nach jeder Runde den BOBBEL wechseln. Nach 16 cm ab Anschlag für die Schulterschrägung in der folgenden Reihe aus jeder 6. Masche (= linke Masche) insgesamt 2 linke Maschen herausstricken = 140 Maschen. In der folgenden 10. Runde aus jeder 7. Masche (es muss eine einzelne linke Masche sein) und nach weiteren 10 Runden

MATERIAL

- Woolly Hugs BOBBEL-MOHAIR (15 % Mohair, 85 % Polyamid, Lauflänge ca. 420 m/150 g) von L&K (www.VeronikaHug.com): 2 BOBBEL in Wunschfarbe (Original in Farbe Nr. 202)
- 1 lange Rundstricknadel Nr. 5–6
- 2 Zopf- oder Hilfsnadeln
- 1 Häkelnadel Nr. 6

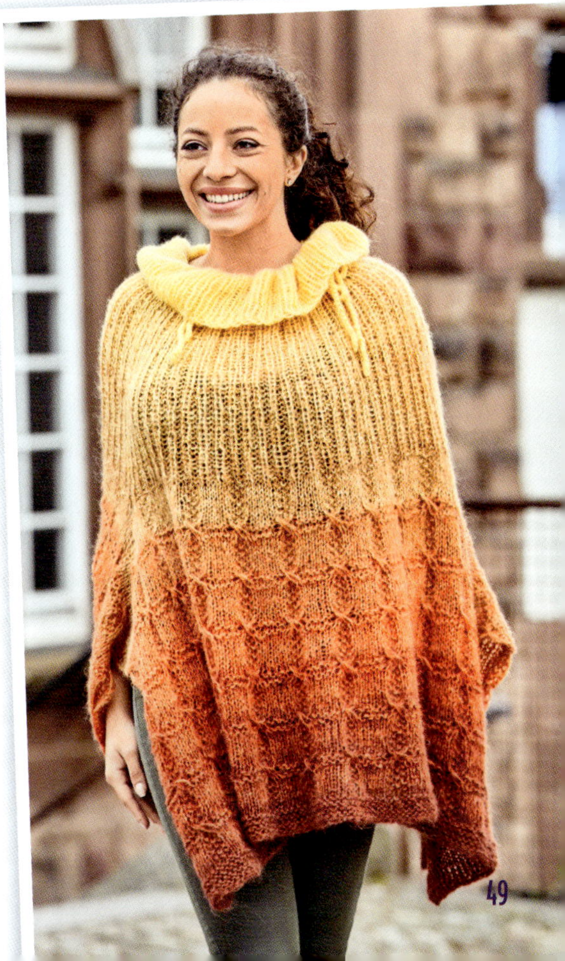

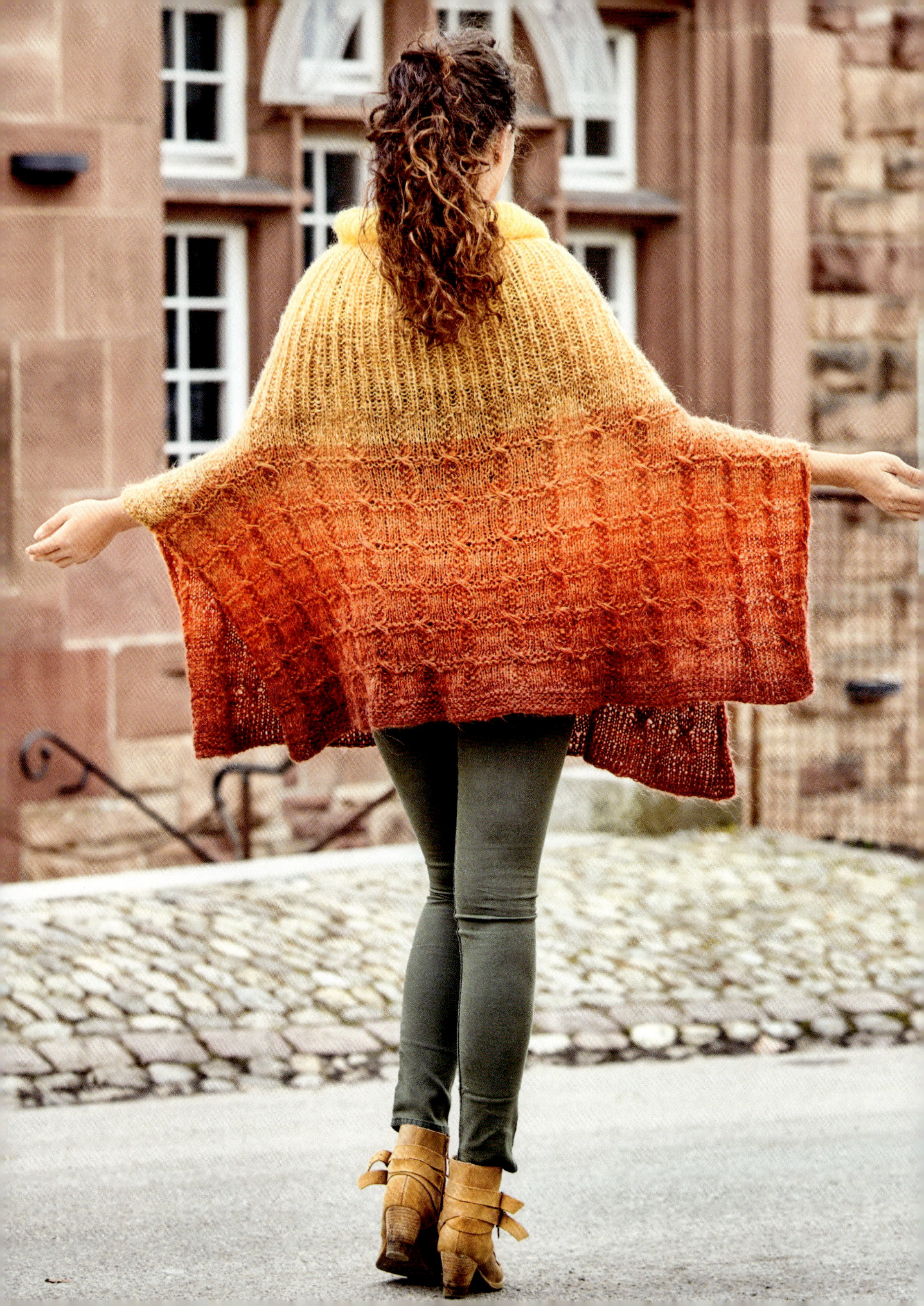

aus jeder 8. Masche (es muss wieder eine einzelne linke Masche sein) 2 Maschen links herausstricken. Über diese 180 Maschen weitere 10 Runden abwechselnd 1 Masche rechts und 2 Maschen links im Wechsel stricken. Danach die Arbeit teilen und über 90 Maschen in hin- und hergehenden Reihen zunächst mit 1 BOBBEL das Rückenteil beenden. In der 1. Reihe ab Teilung beidseitig je 25 Maschen neu dazu anschlagen. Über diese 140 Maschen bis zum letzten Farbwechsel im Zopfmuster arbeiten. Dann für die untere Blende kraus rechts weiterarbeiten, bis der BOBBEL fast aufgebraucht ist. Dann alle Maschen locker abketten.
Anschließend über den restlichen 90 Maschen das Vorderteil genauso beenden.

Fertigstellung: Für die Regulierung der Weite beim Kragen nach 16 cm ab Anschlag die beiden Bänder einziehen. Beginnend an einer Seite das 1. Band über 60 Maschen abwechselnd 1 Masche oben, 3 Maschen unten einziehen, das 2. Band über den restlichen 60 Maschen genauso einziehen. Anfang und Ende jeweils beidseitig als Bindebänder nutzen.

STRICKSCHRIFT

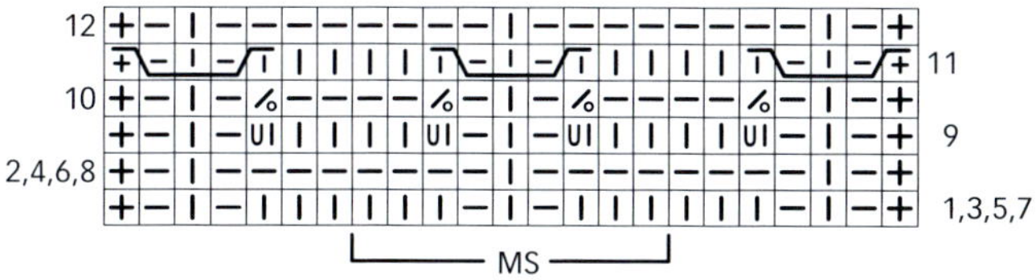

ZEICHENERKLÄRUNG

+ = 1 Randmasche

I = 1 Masche rechts

– = 1 Masche links

UI = 1 Masche und 1 Umschlag

⁄o = 1 Masche abheben, dabei den Umschlag von der Nadel gleiten lassen, den Arbeitsfaden vor der Arbeit mitführen

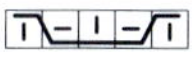
= 1 Masche rechts, 1 Masche links, 1 Masche rechts, 1 Masche links und 1 Masche rechts verzopfen (= 1 Masche auf 1 Hilfsnadel vor die Arbeit legen, die folgenden 3 Maschen auf 1 Hilfsnadel hinter die Arbeit legen, die folgende Masche rechts stricken, dann die 3 Maschen der 2. Hilfsnadel mit 1 Masche links, 1 Masche rechts und 1 Masche links abstricken, dann die Masche der 1. Hilfsnadel rechts abstricken)

MS = Mustersatz

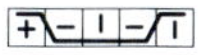
= 1 Randmasche, 1 Masche links, 1 Masche rechts, 1 Masche links und 1 Masche rechts verzopfen (= 1 Masche auf 1 Hilfsnadel vor die Arbeit legen, die folgenden 3 Maschen auf 1 Hilfsnadel hinter die Arbeit legen, die folgende Masche rechts stricken, dann die 3 Maschen der 2. Hilfsnadel mit 1 Masche links, 1 Masche rechts und 1 Masche links abstricken, dann die Masche der 1. Hilfsnadel als Randmasche abstricken)

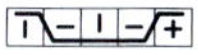
= 1 Masche rechts, 1 Masche links, 1 Masche rechts, 1 Masche links und 1 Randmasche verzopfen (= 1 Masche auf 1 Hilfsnadel vor die Arbeit legen, die folgenden 3 Maschen auf 1 Hilfsnadel hinter die Arbeit legen, die folgende Masche als Randmasche stricken, dann die 3 Maschen der 2. Hilfsnadel mit 1 Masche links, 1 Masche rechts und 1 Masche links abstricken, dann die Masche der 1. Hilfsnadel rechts abstricken)

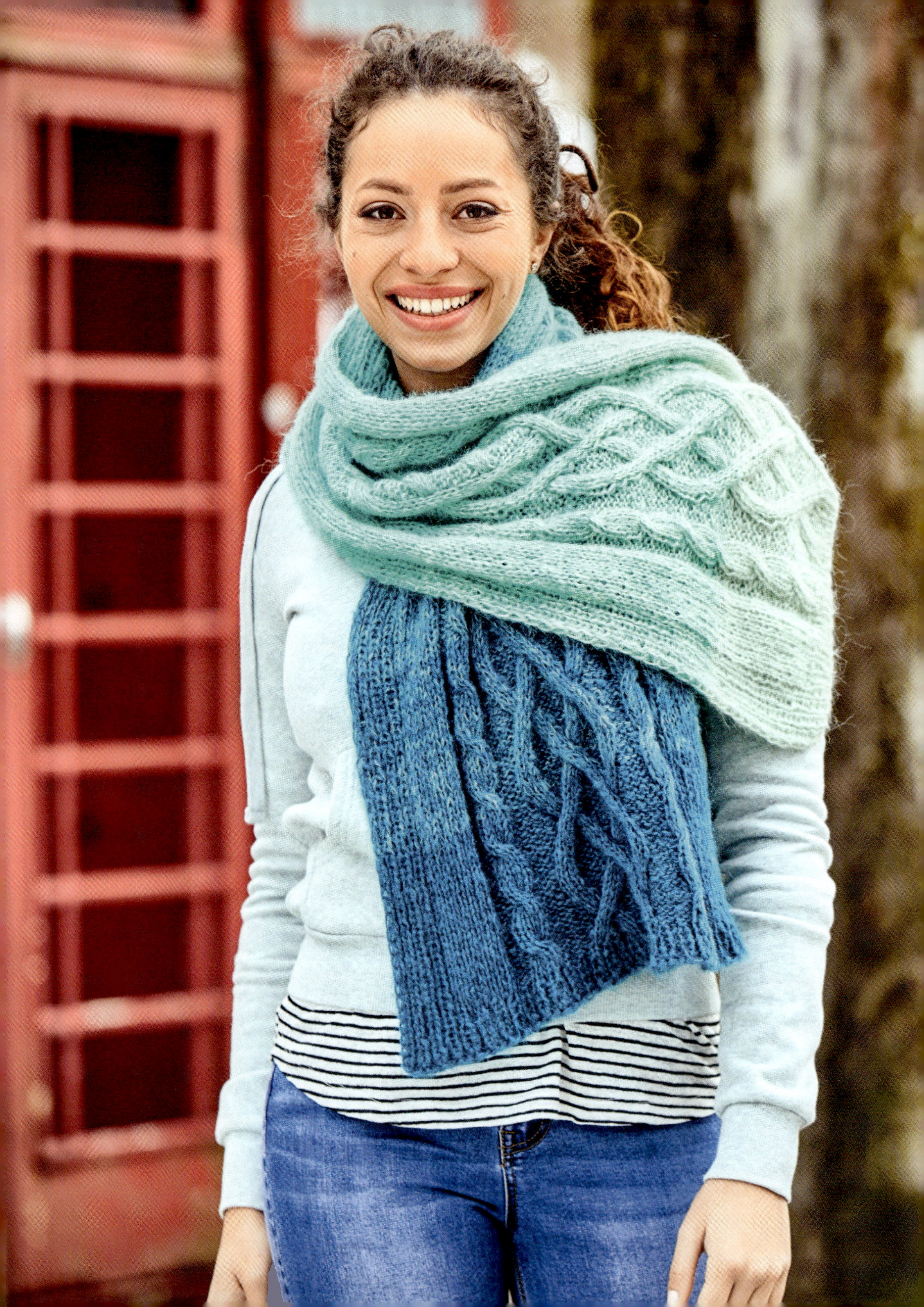

STOLA ZOPF-LIANEN

GRÖSSE: 130 x 45 cm

Hinweis: Der BOBBEL kann wunschgemäß von innen oder von außen abgestrickt werden.

MUSTER

Randmaschen: Am Reihenanfang links abheben (Faden vor der Arbeit), am Reihenende rechts stricken.

Rippenmuster: 1 Masche rechts, 1 Masche links im Wechsel stricken.

Glatt rechts: In Hinreihen rechte, in Rückreihen linke Maschen stricken.

Zopfmuster (über 44 Maschen): Laut Strickschrift arbeiten. Es sind nur die Hinreihen gezeichnet. In den Rückreihen alle Maschen stricken, wie sie erscheinen. In der Breite die gezeichneten Maschen je 1 x arbeiten. In der Höhe die 1.–16. Reihe stets wiederholen.

MASCHENPROBE IM DURCHSCHNITT:
16 Maschen und 24 Reihen = 10 x 10 cm

MATERIAL

- Woolly Hugs BOBBEL-MOHAIR (15 % Mohair, 85 % Polyamid, Lauflänge ca. 420 m/150 g) von L&K (www.VeronikaHug.com): 1 BOBBEL in Wunschfarbe (Original in Farbe Nr. 205)
- Stricknadeln Nr. 5–6
- Zopf- oder Hilfsnadel

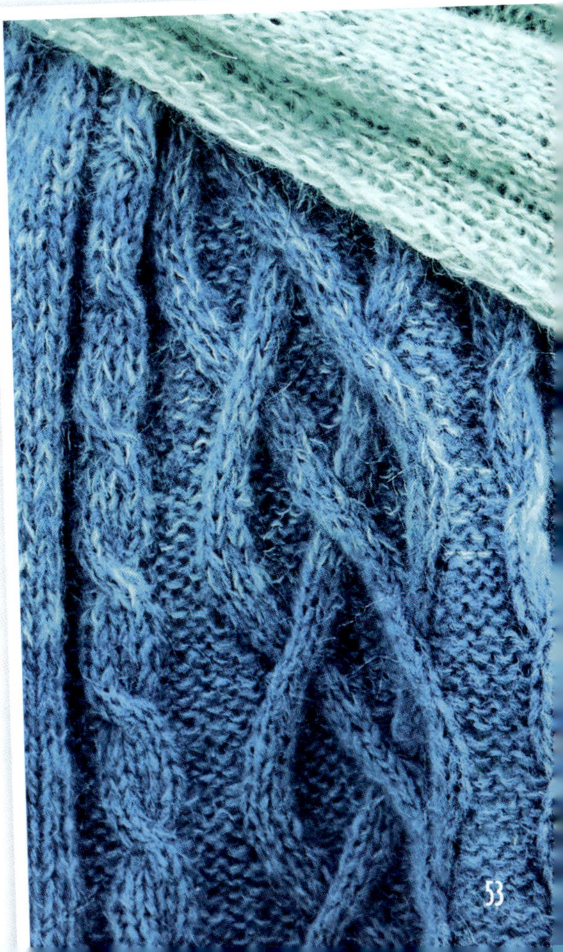

SO WIRD´S GEMACHT

An der unteren Kante beginnend 76 Maschen anschlagen und für die Blende 3 cm im Rippenmuster stricken. Anschließend in folgender Einteilung weiterarbeiten: Randmasche, 8 Maschen Rippenmuster, 7 Maschen glatt rechts, 44 Maschen Zopfmuster, 7 Maschen glatt rechts, 8 Maschen Rippenmuster, dabei mit 1 Masche links beginnen, Randmasche. In dieser Einteilung stricken, bis der BOBBEL fast aufgebraucht ist. Dann für die obere Blende nochmals 3 cm im Rippenmuster stricken und anschließend alle Maschen locker abketten.

STRICKSCHRIFT

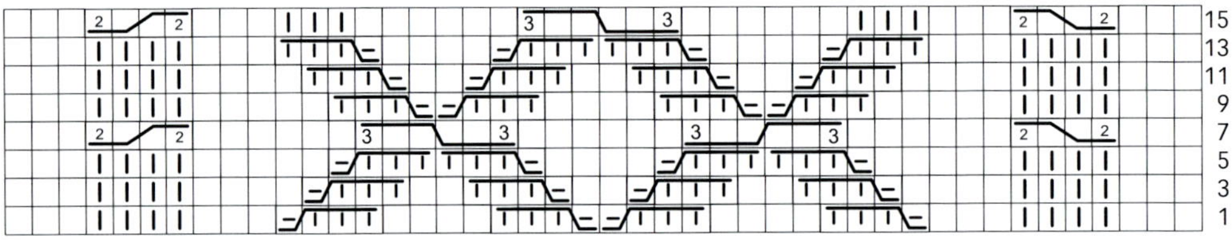

ZEICHENERKLÄRUNG

□ = 1 Masche links

[I] = 1 Masche rechts

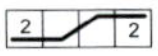

= 4 Maschen nach rechts verzopfen (= 2 Maschen auf 1 Hilfsnadel hinter die Arbeit legen, die folgenden 2 Maschen rechts stricken, dann die 2 Maschen der Hilfsnadel rechts stricken)

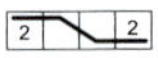

= 4 Maschen nach links verzopfen (= 2 Maschen auf 1 Hilfsnadel vor die Arbeit legen, die folgenden 2 Maschen rechts stricken, dann die 2 Maschen der Hilfsnadel rechts stricken)

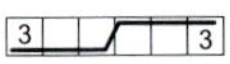

= 6 Maschen nach rechts verzopfen (= 3 Maschen auf 1 Hilfsnadel hinter die Arbeit legen, die folgenden 3 Maschen rechts stricken, dann die 3 Maschen der Hilfsnadel rechts stricken)

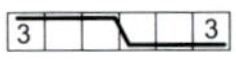

= 6 Maschen nach links verzopfen (= 3 Maschen auf 1 Hilfsnadel vor die Arbeit legen, die folgenden 3 Maschen rechts stricken, dann die 3 Maschen der Hilfsnadel rechts stricken)

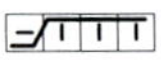

= 3 rechte und 1 linke Masche nach rechts verzopfen (= 1 Masche auf 1 Hilfsnadel hinter die Arbeit legen, die folgenden 3 Maschen rechts stricken, dann die Masche der Hilfsnadel links stricken)

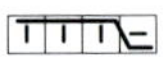

= 1 linke und 3 rechte Maschen nach links verzopfen (= 3 Maschen auf 1 Hilfsnadel vor die Arbeit legen, die folgende Masche links stricken, dann die 3 Maschen der Hilfsnadel rechts stricken)

TUCH TAKE ME OUT

GRÖSSE: 200 x 80 cm

Hinweis: Die BOBBEL kann wunschgemäß von innen oder von außen abgestrickt werden.

MUSTER

Randmaschen: In Hinreihen rechts, in Rückreihen links stricken. Hinweis: Sollte sich die Kante an der Schrägung zusammenziehen, die Randmasche nach dem Abstricken etwas lang ziehen.
Kraus rechts: In Hin- und Rückreihen rechte Maschen stricken.
Grundmuster: Laut Strickschrift arbeiten. Es sind nur die Hinreihen gezeichnet. In den Rückreihen alle Maschen und Umschläge links stricken, die kraus rechten Maschen jedoch rechts stricken. In der Breite stets mit den Maschen vor dem Mustersatz (MS = grau hinterlegte Zeichen) beginnen, den MS stets wiederholen, enden mit den Maschen nach dem MS.

MASCHENPROBE GLATT RECHTS:
18 Maschen und 26 Reihen = 10 x 10 cm

SO WIRD´S GEMACHT

An der unteren Spitze beginnend 5 Maschen anschlagen und 1 Rückreihe rechte Maschen stricken. Laut Grundmuster weiterarbeiten. Die 1.–34. Reihe 1 x arbeiten, dann die 19.–34. Reihe stets wiederholen. Die Zunahmen durch die Umschläge beidseitig wie eingezeichnet ausführen und systematisch fortsetzen. Kurz bevor der BOBBEL aufgebraucht ist, noch 5 Reihen kraus rechts stricken, dann alle Maschen locker rechts abketten.

MATERIAL

- Woolly Hugs BOBBEL-MOHAIR (15 % Mohair, 85 % Polyamid, Lauflänge ca. 420 m/150 g) von L&K (www.VeronikaHug.com): 1 BOBBEL in Wunschfarbe (Original in Farbe Nr. 205)
- 1 lange Rundstricknadel Nr. 5–6

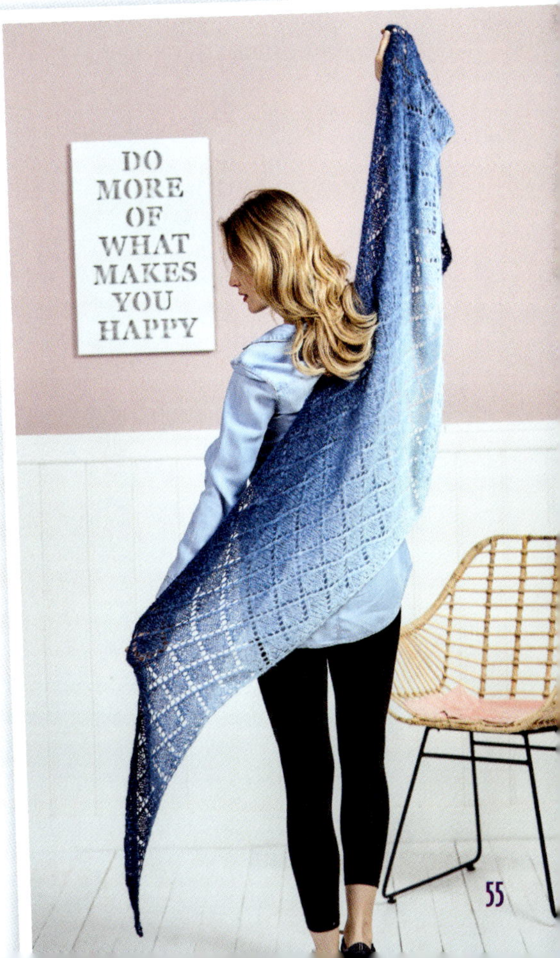

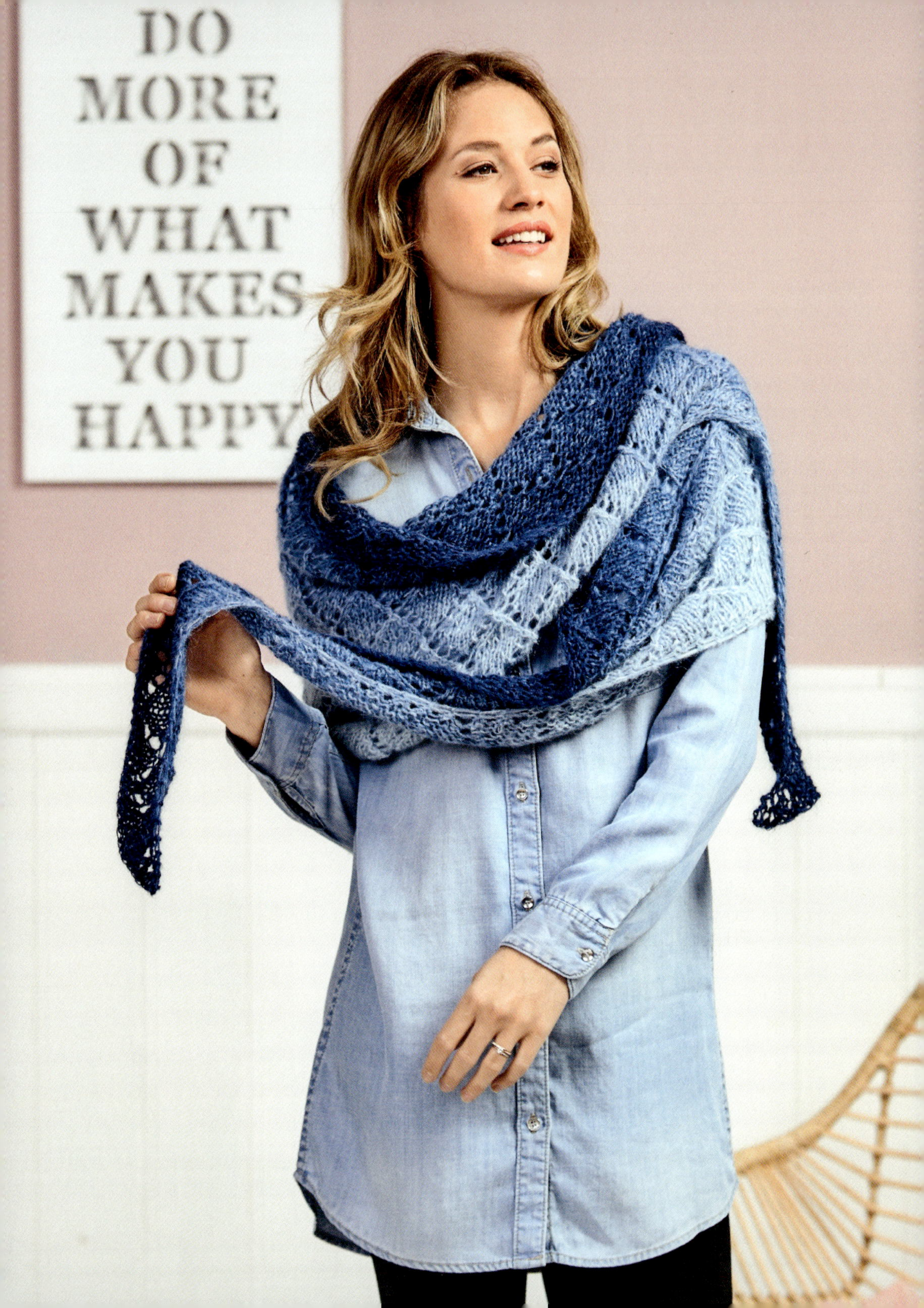
DO
MORE
OF
WHAT
MAKES
YOU
HAPPY

STRICKSCHRIFT

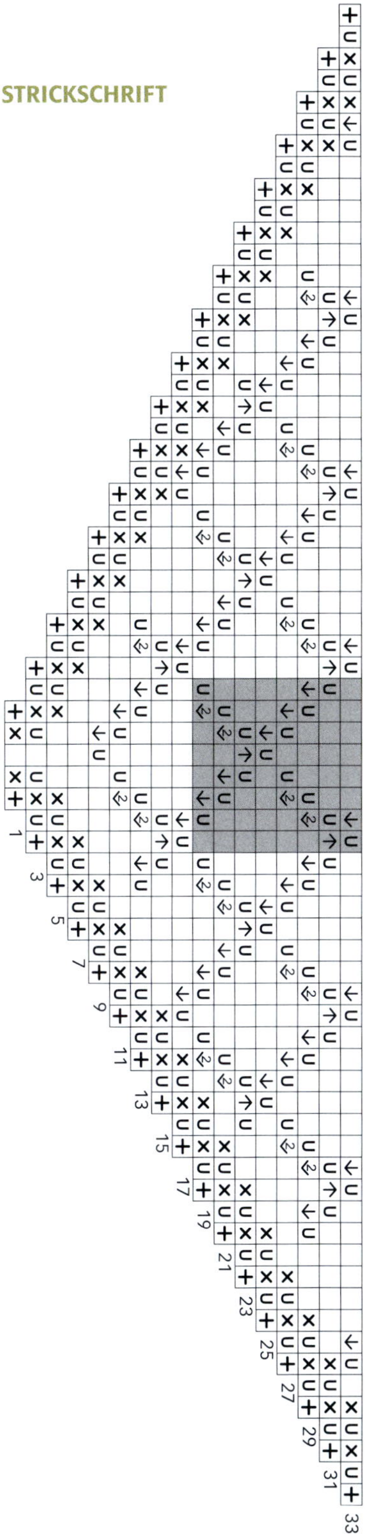

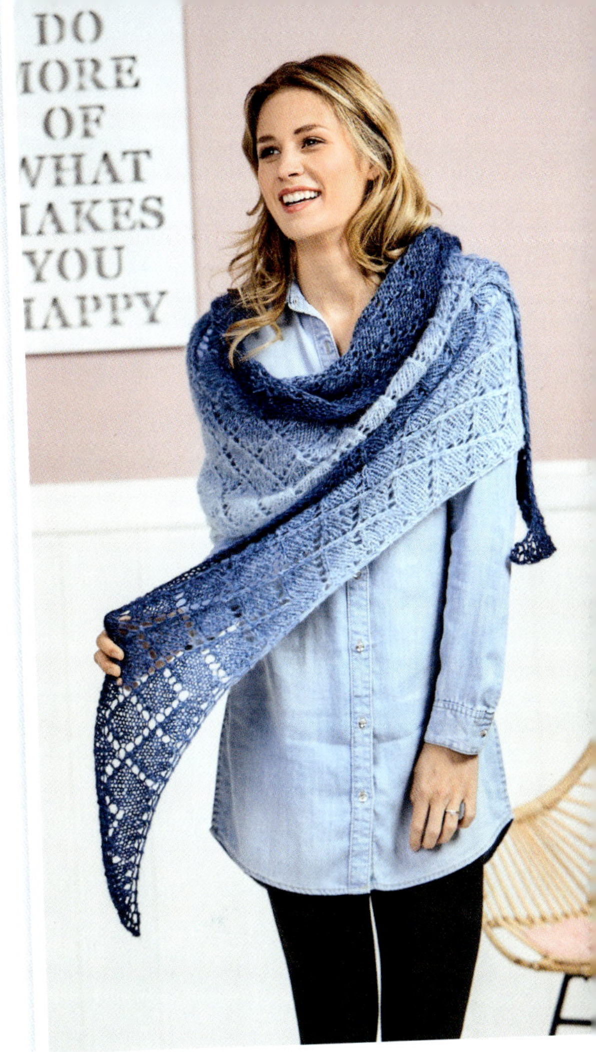

ZEICHENERKLÄRUNG

- + = 1 Randmasche
- × = 1 Masche kraus rechts
- □ = 1 Masche rechts
- U = 1 Umschlag
- ⩘ = 2 Maschen rechts zusammenstricken
- ↓ = 1 einfacher Überzug
- ↑ = 1 doppelter Überzug

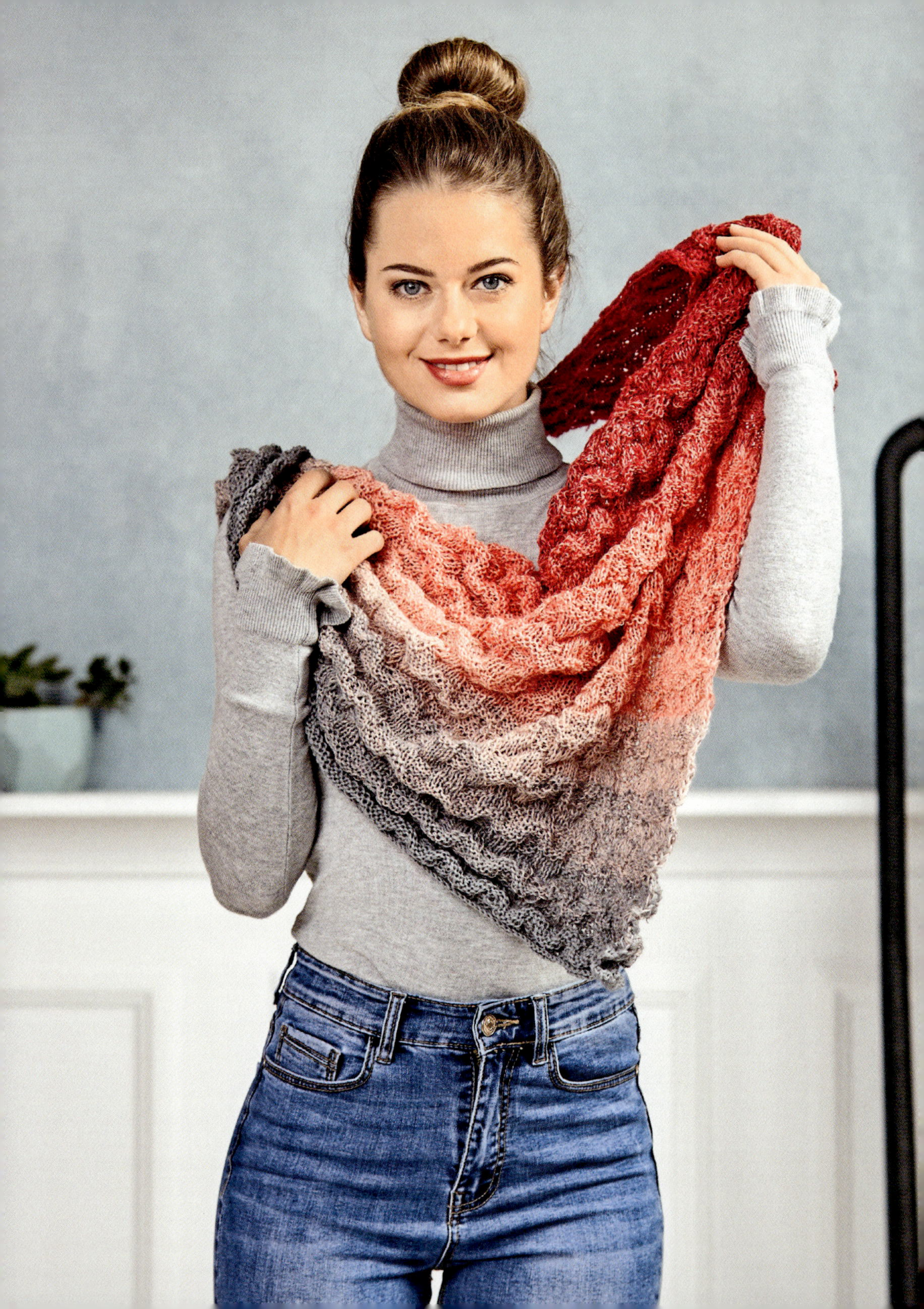

TUCH OPERNBALL

GRÖSSE: 180 x 85 cm

MUSTER

Randmaschen: In Hinreihen rechts, in Rückreihen links stricken. Hinweis: Sollte sich die Kante an der Schrägung zusammenziehen, die Randmasche nach dem Abstricken etwas lang ziehen.
Grundmuster: Laut Strickschrift arbeiten. Es sind nur die Hinreihen gezeichnet, in den Rückreihen die Maschen stricken, wie sie erscheinen. In der Breite stets mit den Maschen vor dem Mustersatz (MS = grau unterlegte Zeichen) beginnen, den MS so oft wiederholen wie möglich und mit den Maschen nach dem MS enden.

MASCHENPROBE IM GRUNDMUSTER:
18 Maschen und 30 Reihen = 10 x 10 cm

Hinweis: Der BOBBEL kann wunschgemäß von innen oder von außen abgestrickt werden.

MATERIAL

- Woolly Hugs BOBBEL-MERINO (100 % Merino fein, Lauflänge ca. 700 m/200 g) von L&K (www.VeronikaHug.com): 1 BOBBEL in Wunschfarbe (Original in Farbe Nr. 102)
- Stricknadeln Nr. 3,5–4

SO WIRD´S GEMACHT

6 Maschen anschlagen und laut Strickschrift arbeiten. Die 5.–44. Reihe 1 x arbeiten. Danach die 29.–44. Reihe stets wiederholen. Durch die Zunahmen am rechten Rand entsteht eine Schrägung. Diese schräge Kante bildet später beim Tragen die obere Kante des Tuches.

Wenn der BOBBEL fast aufgebraucht ist, alle Maschen locker abketten.

STRICKSCHRIFT

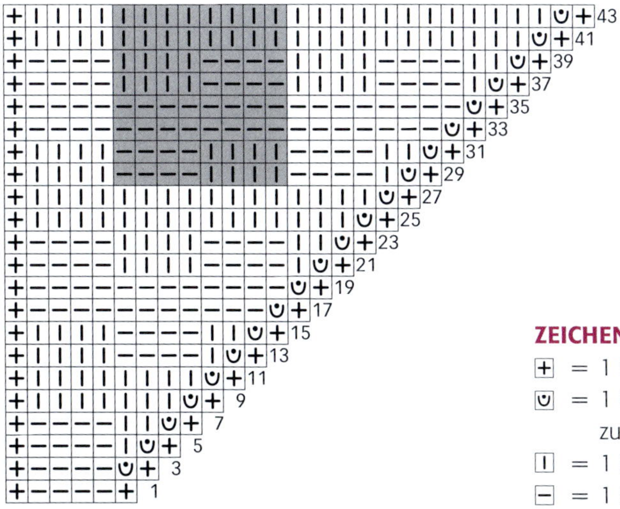

ZEICHENERKLÄRUNG

+ = 1 Randmasche
◡ = 1 Masche verschränkt aus dem Querfaden zunehmen
I = 1 Masche rechts
– = 1 Masche links

GRUNDKURS STRICKEN

RECHTS VERSCHRÄNKTE MASCHE

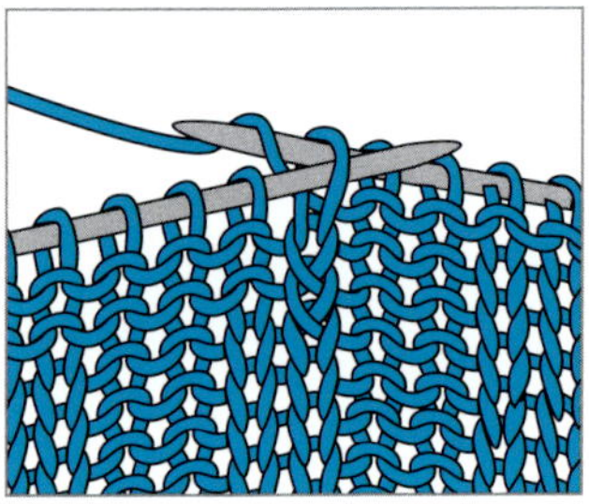

Von vorn nach hinten in das hintere Maschenglied einstechen und wie beim Rechtsstricken weiterarbeiten.

2 MASCHEN RECHTS ZUSAMMENSTRICKEN

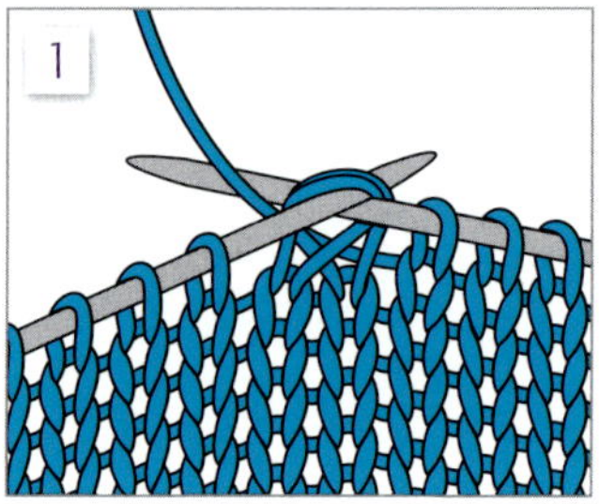

Den Faden hinter die Arbeit legen. Mit der rechten Nadel von links nach rechts durch beide Maschen stechen.

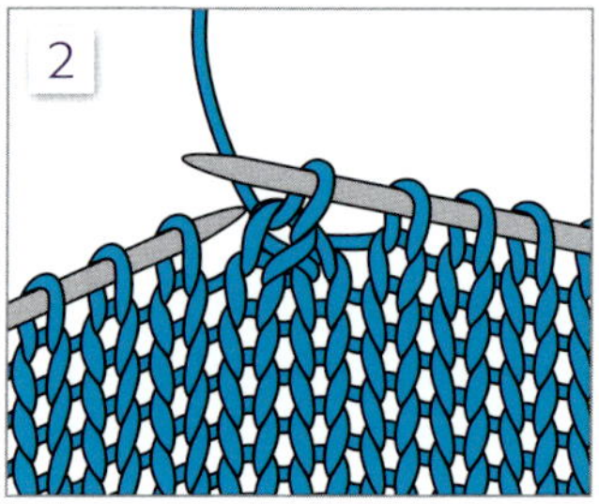

Den Faden durchholen und die Maschen von der linken Nadel gleiten lassen.

UMSCHLAG

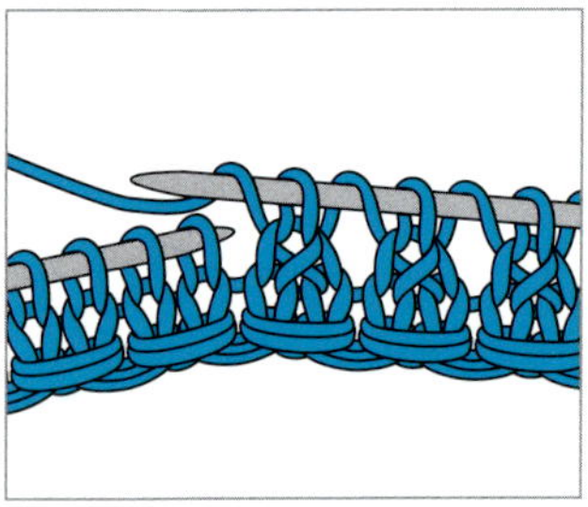

Den Faden von vorn nach hinten über die rechte Nadel legen. Dann wie in der Anleitung vorgegeben weiterarbeiten.

2 MASCHEN LINKS ZUSAMMENSTRICKEN

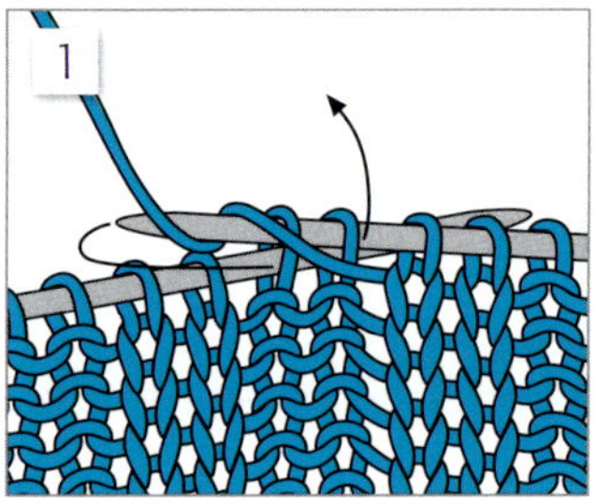

Wie bei einer linken Masche den Faden vor die Arbeit legen, von rechts nach links durch beide Maschen stechen und den Faden durchholen.

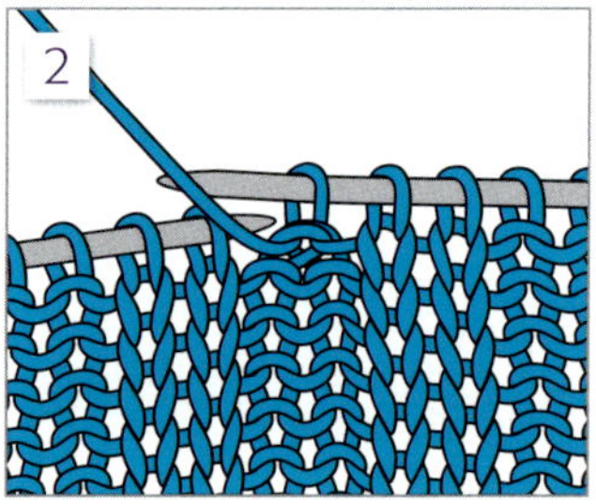

Die Maschen von der linken Nadel gleiten lassen.

EINFACHER ÜBERZUG

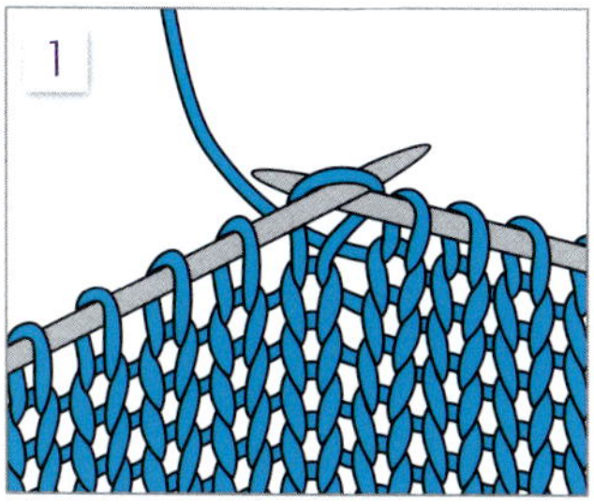

2 Maschen überzogen zusammenstricken: 1 Masche wie zum Rechtsstricken abheben.

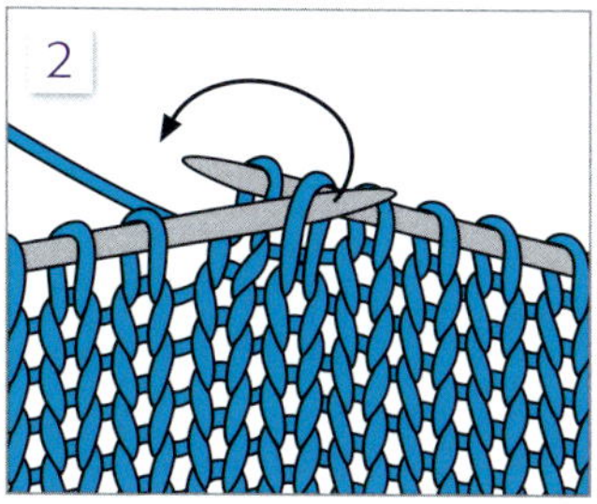

Die folgende Masche rechts stricken und die abgehobene Masche darüberziehen.

DOPPELTER ÜBERZUG

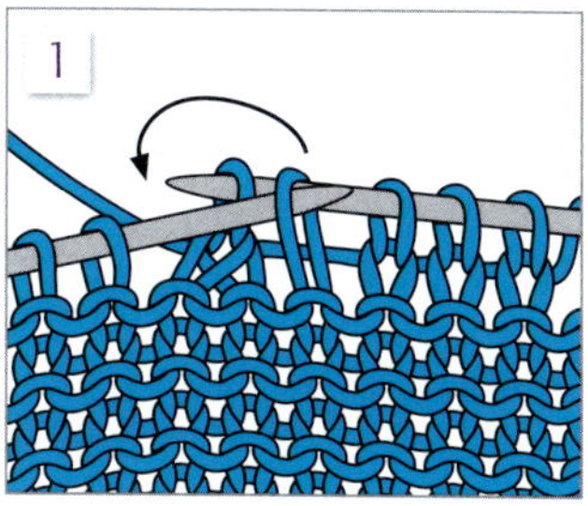

3 Maschen überzogen zusammenstricken: Eine Masche wie zum Rechtsstricken abheben und die beiden folgenden Maschen rechts zusammenstricken.

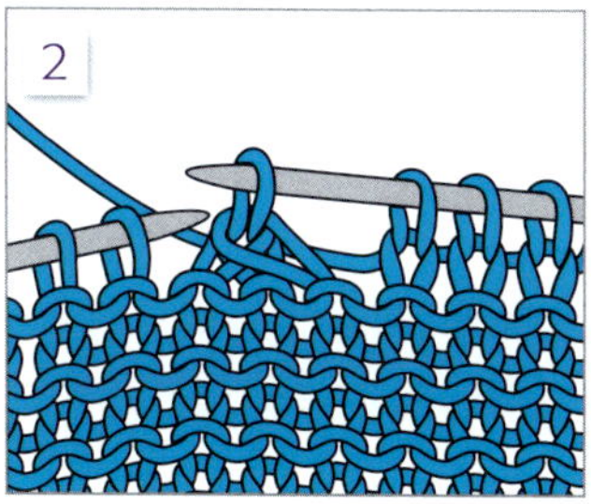

Dann die abgehobene Masche über die zusammengestrickten Maschen ziehen.

ZUNAHME RECHTS VERSCHRÄNKT AUS DEM QUERFADEN

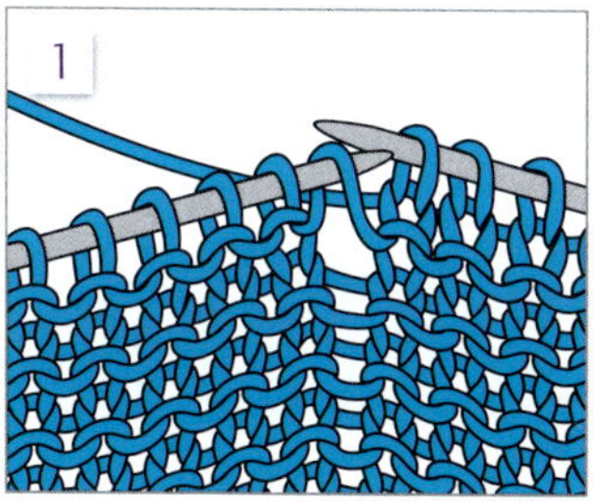

Den Querfaden zwischen 2 Maschen mit der linken Nadel von vorn nach hinten aufnehmen.

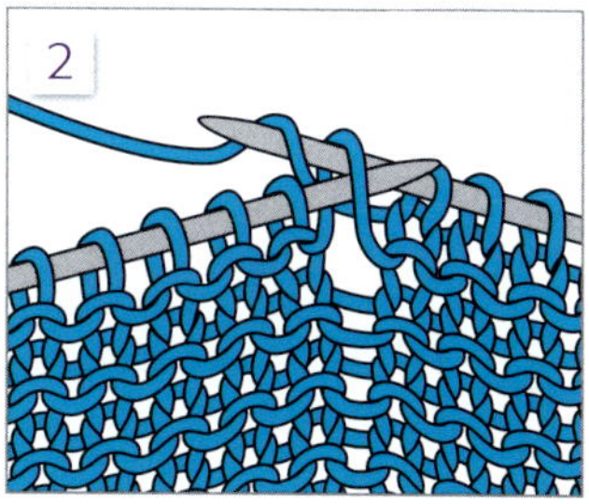

In den hinteren Schlingenteil einstechen. Der Arbeitsfaden liegt hinten. Faden durchholen. Den aufgenommenen Querfaden von der linken Nadel gleiten lassen.

GRUNDKURS STRICKEN

VERZOPFUNG NACH RECHTS

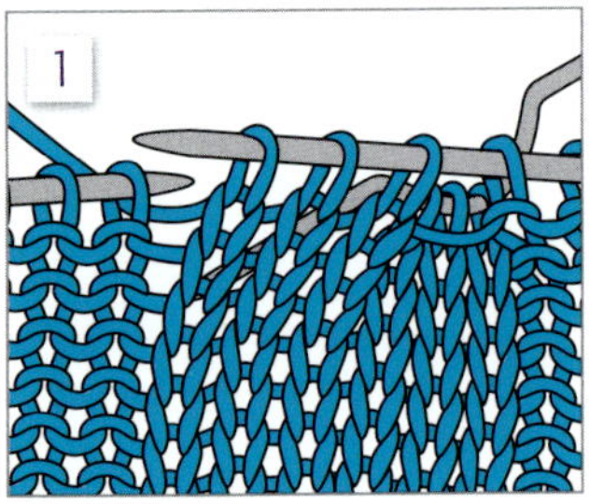

3 Maschen auf eine Zopfnadel nehmen und hinter die Arbeit legen. Die folgenden 3 Maschen der linken Nadel rechts stricken.

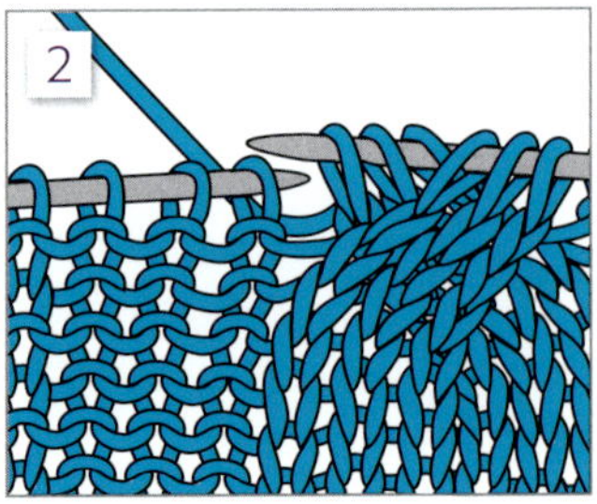

Dann die 3 Maschen der Zopfnadel rechts stricken.

VERZOPFUNG NACH LINKS

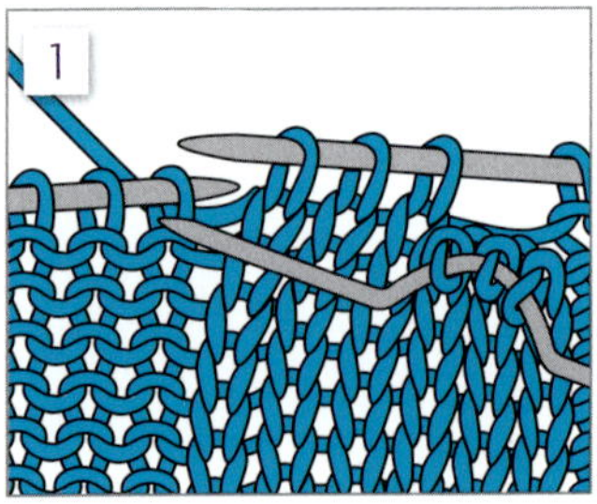

3 Maschen auf eine Zopfnadel nehmen und vor die Arbeit legen. Die folgenden 3 Maschen der linken Nadel rechts stricken, dann die 3 Maschen der Zopfnadel rechts stricken.

NORWEGERTECHNIK/ JACQUARDMUSTER

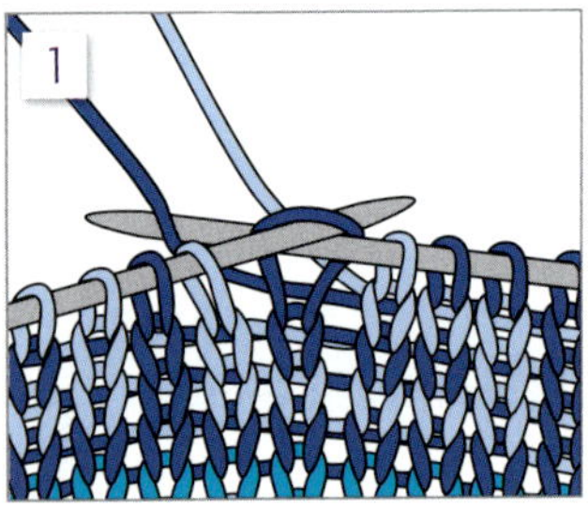

Jacquardmuster werden in zwei oder mehreren Farben gestrickt. Die benötigten Fäden zusammen um den Zeigefinger der linken Hand wickeln. Den nicht benötigten Faden auf der Rückseite locker mitführen.

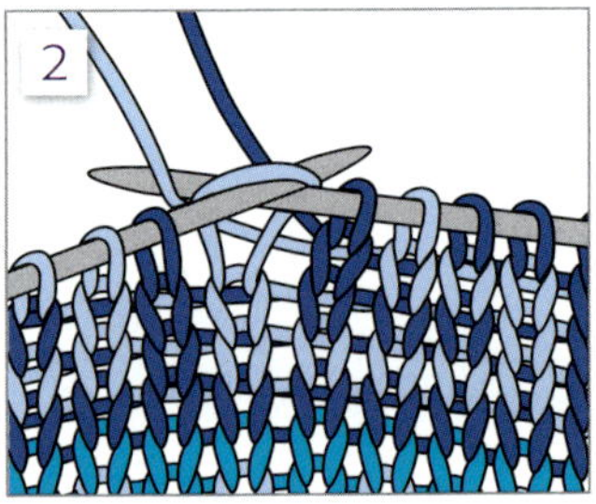

Bei Fadenwechsel die Maschen der rechten Nadel etwas auseinanderschieben, sodass der neue Faden den richtigen Abstand erhält und sich das Gestrick nicht zusammenzieht.

MASCHEN AUFFASSEN

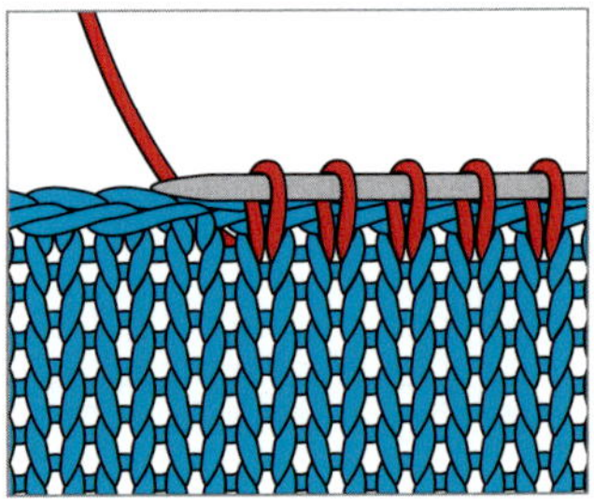

Bei der Anschlag- oder Abkettkante in die Masche unterhalb der Kante einstechen und den Faden durchholen. Hier wird aus jeder Masche eine Masche herausgestrickt.

MASCHEN NEU DAZU ANSCHLAGEN

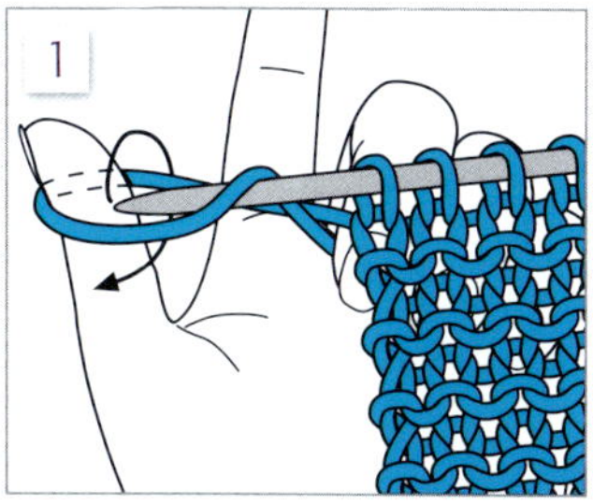

Den Faden von der Nadel kommend von hinten nach vorn um den Daumen legen und festhalten. Mit der rechten Nadel von vorn nach hinten in die Schlinge stechen und den hinteren Faden fassen.

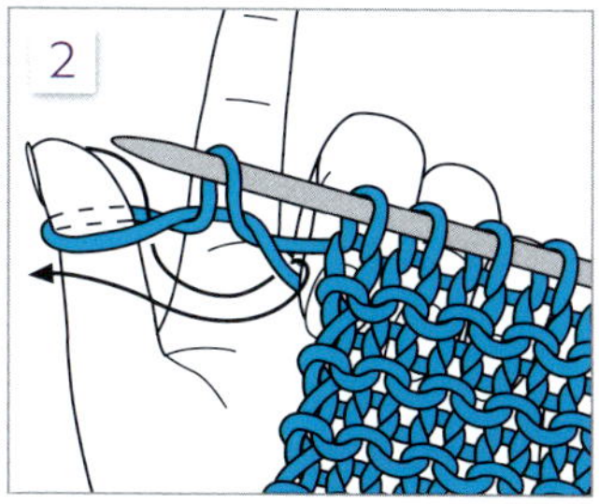

Den Faden zur Schlinge durchziehen, den Daumen aus der Schlinge nehmen und den Faden anziehen, sodass eine neue Masche entsteht. Erneut den Faden mit dem Daumen aufnehmen und fortfahren wie oben beschrieben.

FÄDEN VERNÄHEN

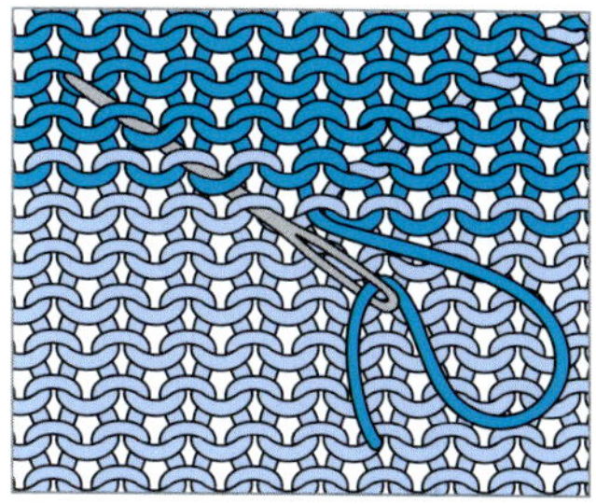

Den Faden auf der Rückseite vernähen. In die danebenliegende Masche einstechen, den Faden schräg durch die Reihen ziehen, stets nur einen Teil der Maschenglieder erfassen.

ZURÜCKSTRICKEN

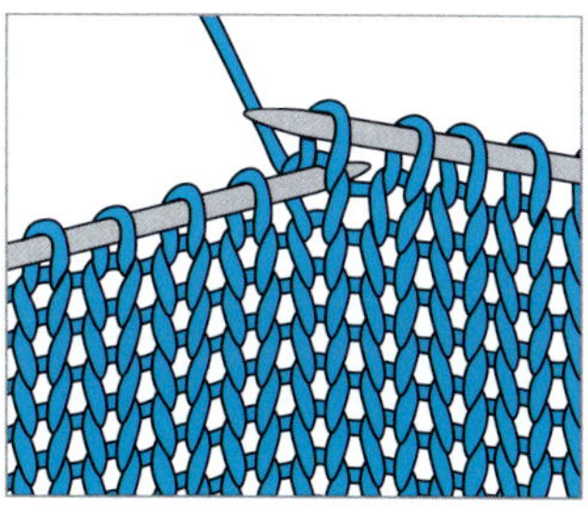

Anstatt nach einem Fehler die Nadeln aus der Arbeit zu ziehen, kann zurückgestrickt werden: Der Faden liegt hinter der Arbeit. Mit der linken Nadel von vorn in die Masche unter der letzten Masche der rechten Nadel einstechen und diese auf die linke Nadel heben. Den Faden anziehen und so die Masche auflösen.

LAUFMASCHE AUFHEBEN

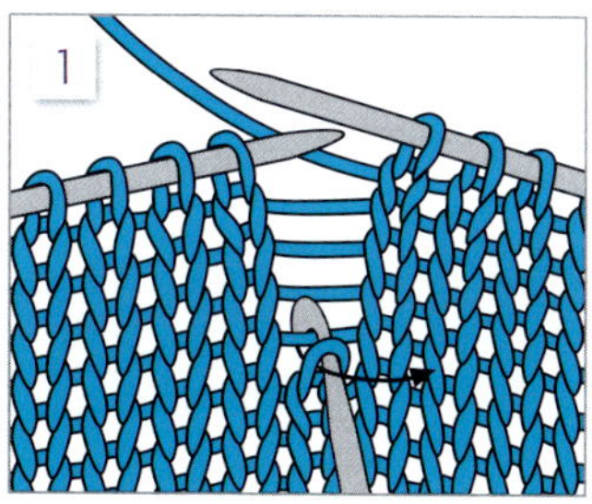

Die gefallene Masche von vorn auf eine Häkelnadel nehmen und den darüberliegenden Querfaden durchholen. Fortfahren, bis die Masche wieder auf die Stricknadel gehängt werden kann.

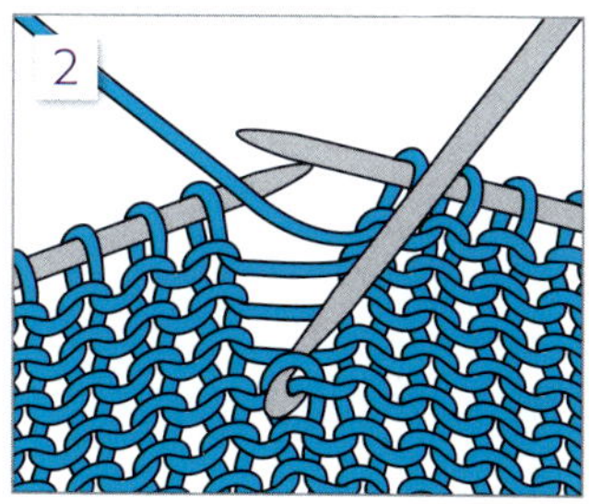

Bei linken Maschen von hinten in die Masche einstechen und den darüberliegenden Querfaden von vorn nach hinten durchziehen.

IMPRESSUM

Autorin: Veronika Hug
Design & Realisation: Veronika Hug, Silvia Jäger, Ivonne Langendorf, Sabine Schidelko
Fotos & Styling: Florian Bilger Fotodesign
Produktmanagement & Redaktion: Maria Möllenkamp
Lektorat: Johanna Heiß
Korrektorat: Margit Huber
Umschlaggestaltung: RTK & SRS mediagroup GmbH
Satz: CREALOOP Elke Monse
Repro: RTK & SRS mediagroup GmbH

Printed in Slovenia by Florjancic Tisk

★★★★★

Sind Sie mit diesem Titel zufrieden? Dann würden wir uns über Ihre Weiterempfehlung freuen. Erzählen Sie es im Freundeskreis, berichten Sie Ihrem Buchhändler oder bewerten Sie bei Onlinekauf. Und wenn Sie Kritik, Korrekturen, Aktualisierungen haben, freuen wir uns über Ihre Nachricht an: Christian Verlag, Postfach 40 02 09, D-80702 München oder per E-Mail an lektorat@verlagshaus.de.

Unser komplettes Programm finden Sie unter

www.christophorus-verlag.de

Autor/Autorin und Verlag haben alle Angaben und Anleitungen mit größtmöglicher Sorgfalt zusammengestellt. Dennoch kann bei Fehlern keinerlei Haftung für direkte oder indirekte Folgen übernommen werden. Stoffe, Materialien und Modelle können von den jeweiligen Originalen abweichen. Die bildliche Darstellung ist unverbindlich. Sollte dieses Werk Links auf Webseiten Dritter enthalten, so machen wir uns die Inhalte nicht zu eigen und übernehmen für die Inhalte keine Haftung.

Die Deutsche Nationalbibliothek verzeichnet diese Publikation in der Deutschen Nationalbibliografie; detaillierte bibliografische Daten sind im Internet über http://dnb.d-nb.de abrufbar.

5. Auflage 2026

ISBN 978-3-8410-6521-6

Kreativ-Service

Sie haben Fragen zu unseren Büchern und Materialien? Wir beraten Sie gern rund um alle Kreativthemen. Rufen Sie uns einfach an. Wir interessieren uns auch für Ihre eigenen Ideen und Anregungen. Sie erreichen uns per E-Mail: kreativ-service@c-verlag.de oder Telefonnummer: 0049-89-1306 99 577.

Besuchen Sie uns im Internet: www.christophorus-verlag.de & www.selbstgemacht.de